세 교사맘 이야기

- 엄마와 교사로서의 삶에 대한 내러티브 탐구

세 교사맘 이야기

- 엄마와 교사로서의 삶에 대한 내러티브 탐구

지은이 유경은

발 행 2017년 2월 25일
펴낸이 김진우 임종화
펴낸곳 좋은교사운동 출판부
출판등록번호 제2000-34호
주 소 서울특별시 관악구 남부순환로 218길 36, 4층
전 화 02-876-4078
이메일 admin@goodteacher.org

ISBN 978-89-91617-31-5   03370

www.goodteacher.org

좋은교사 연구실천 프로젝트 X

01

세 교사맘 이야기

엄마와 교사로서의 삶에 대한 내러티브 탐구

유경은

좋은교사

교육 난제는 현장 교사가 풉니다!

임진왜란 때 선조가 이순신에게 총공격을 명령했지만 이순신은 적의 유인 전략이라 판단하여 공격하지 않았던 일이 있습니다. 이로 인해 이순신은 관직을 박탈당했고, 대신 출정한 원균의 군대는 전멸하고 맙니다. 현장의 상황을 모르고 내린 결정이 얼마나 어처구니 없는 것인지를 보여주는 사례입니다.

"초등학교 사회 교과서는 대학생 교재보다 어렵습니다. 왜냐하면 그 많은 내용 요소를 압축적으로 구겨넣어 놓았기 때문이죠. 이런 교과서를 만든 사람이 한번 가르쳐보라고 하고 싶네요."

수업에서 학생들에게 배움의 기쁨을 누리게 하고 싶다는 것은 모든 교사들의 소망이지만 현장의 상황을 모르고 내려오는 교육과정과 각종 사업 등 수많은 장애물들이 우리의 발목을 붙잡고 있습니다.

"현장에 답이 있다"는 말을 많이 합니다만 교육정책을 좌우하는 관료, 교수, 정치인들은 현장 교사들의 목소리를 귀담아 듣지 않습니다. 이렇게 된 데에는 우리가 교육전문가로서의 교사의 역할을 적극적으로 찾지 못한 책임도 없지 않습니다.

이제 현장의 교육전문가인 우리 교사가 나서야 합니다. 우리 교육에는 수많은 난제가 산처럼 버티고 있습니다. 우공이산(愚公移山)의 결기로 우리 모두가 이와 씨름하는 일이 개미떼처럼 집단적으로 일어나야 합니다. 그러한 노력들이 격려되고, 공유되고, 확산될 때 우리 교육은 아래로부터 변화되어갈 것입니다. 이 과정은 교육전문가로서의 교사 성장에 큰 도전이 될 것입니다. 이를 통해 수동적 전달자가 아닌 능동적 연구실천가로 성장하게 될 것입니다.

좋은교사운동은 우리 교육의 난제를 현장 교사들의 힘으로 풀어나가는 프로젝트를 시작했습니다. 이름하여 "좋은교사 연구실천 프로젝트 X"입니다. X는 난제를 뜻합니다. 이제 X를 붙들고 고민한 결과가 세상에 모습을 드러냈습니다. 그 동안 바쁜 학교생활 가운데서도 시간을 쪼개어 문제와 씨름하는 노고를 감당하신 선생님과 멘토와 행정적인 모든 수고를 감당해주신 사무실의 간사님들과 연구위원장 조창완 선생님께 존경과 감사의 뜻을 전합니다.

- 2017.2.25. 좋은교사운동 공동대표 김진우

‖ 머리말

3월의 어느 날. 길을 걷다가 한 나뭇가지 안에 삶과 죽음이 함께 벗하고 있음을 보았다. 하늘을 향해 솟구치며 자라나는 새싹과, 땅을 향해 소멸하기만을 기다리고 있는 낙엽이 '너 한번, 나 한번'을 하며 가지에 사이좋게 바늘코를 뜨고 있었다. 우리는 내 인생의 실패와 오점을 완전히 제거한 후에 흰 도화지에서 새 인생을 시작하고 싶어 하지만 자연도 그럴 수 없다는 것을 보여주듯이 생각대로 되지가 않는다. 우리는 낙심하며 동시에 기대하고, 좌절하며 동시에 희망한다. 겉으로 보기에는 뒤죽박죽인 것 같은 인생도 새싹을 그

안에서 틔우고 있는 것이다. 그리고 이것이 바로 인생이 아름다운 이유이다. 세 교사맘의 이야기 속에서 내가 이 나뭇가지를 찾을 수 있었듯이 이 글을 다 읽을 때쯤이면 당신의 삶 속에서도 이 아름다움을 찾기를 바란다.

▮ Warning!
'나 바쁜 사람인데…'라는 생각이 드는 독자들은 p.11-30는 뛰어넘고 읽을 것을 미리 귀띔해 드립니다.

‖ 목 차

1. 이야기의 싹 – 연구자의 이야기

학교에 지각을 했다고 상상해보자!

허둥지둥 도착해서 우리 반 조회도 못 들어갔다!

오늘 아침 나는 꽤 일찍 일어났지만 아침 식사시간에 아이가 먹은 것을 토하고 떼를 심하게 쓰는 바람에 겨우 아이를 어린이집에 떼어놓고 왔더니 이렇게 돼버린 것이다!

이때, 교무실에 들어서며 당신은 뭐라고 말할 것인가? 차가 심하게 막혔다거나 차 배터리가 나갔다거나 앞 도로에 사고가 났다고 말하는 것이 마음 편한가? 아니면 아침에 아이가 떼를 심하게 써서 늦었다고 솔직히 말하는 것이 편한가? 만약 당신이 교사맘이라면 직장에서 가정 일의 애로사항을 이야기하며 자신의 상황을 솔직히 이야기하는 것이 자유로운가? 아니면 왠지 눈치가 보이고 프로페셔널해보이지 않을까봐 애써 숨기는가? 아이를 키우는 교사맘에게 자녀 양육은 자신의 체력과 시간의 반 이상을 쓰게 되는 중대한 영역임에도 불구하고 학교에서 엄마로서 살아가는 이야기를 하는 것은 친한 교사끼리의 비공식적인 수다의 영역에 한정되어 있다. 그러나 이렇게 지극히 개인적인 영역이라고 여겨졌던 교사맘의 삶이 공개되고 탐구될 때, 우리는 교사됨과 엄마됨에 대해 더욱 깊이 성찰해 볼 수 있고 학교와 가정에서의 교사의 삶을 더욱 총체적이고 통합적으로 이해할 수 있을 것이다. 이 주제를 탐구하기에 앞서 어떻게 이 분야에 관심을 갖게 되었는지 연구자의 이야기를 하는 것부터 시작하겠다.

 '교사는 집에서 자녀들에게 어떤 존재인가?' 이 물음은 나의 오랜 호기심거리였다. 초등학교 교사였던 할아버지는 손녀인 나에게 정말 자애로운 초등교사 같으셨다. 아버지에게 물어보니 아버지는 할아버지가 집에서도 너무나 엄한 교사 같았다고 해서 놀랐던 기억이 난다. 그리고 대학에서 영문과를 졸업하고 취업을 해야 할 때쯤 '다른 거 말고... 교사가 되어볼까?'하고 문득 생각했을 때 가장 먼저 떠오른 건 할아버지였다. 그 후 나는 10년 동안 중등교사로서 일하며 수많은 엄마교사들을 동료로서 만났고, 이제는 태어날 내 아이를 기다리면서 '나는 어떤 엄마가 될까?'라는 호기심과 두려움을 갖고 있다. 이번 기회를 통해 오래 묵은 나의 호기심을 끝까지 따라가 보면서 과연 '엄마이면서 교사로 산다는 것'의 실체가 뭔지 파헤쳐 보고 싶었다. 이야기의 싹은 여기서 시작되었다.

1.1 나에게 할아버지는

나는 초등학교 시절 매해 방학마다 전라도 시골에 위치한 할아버지 댁에 동생과 함께 보내졌다. 한여름과 한겨울 많은 시간을 그곳에서 보냈는데, 여름에는 온갖 곤충이 가득하고 겨울이면 눈밭이 허리까지 펼쳐지는 곳이었다. 그곳에서 초등학교 교사로 재직하셨던 나의 할아버지는 나와 동생을 방학마다 당신의 철학이 가득한 홈스쿨링의 세계로 인도하셨다. 아침 6시에 우리를 깨웠고 이불을 정리하고 나면 카세트에 국민체조 음악을 우렁차게 틀고 다같이 체조를 해야 했다. 할아버지가 오다리를 만들며 반만 앉는 동작을 할 때, 우리는 할아버지의 적나라하게 드러난 엉덩이를 보며 킥킥댔지만 할아버지의 표정은 세상 진지하고 엄숙했던 기억이 난다. 그 후, 아침을 먹고, 국어, 수학, 탐구생활 등 방학숙제를 하고 한자를 배웠다. 그러고 나면 슈퍼마리오 몇 판을 할 수 있는 노는 시간이 주어졌는데 이 시간은 동생과 내가 가장 기다리던 시간이었다. 그 후에는 현장 체험 학습 같은걸 했는데, 할아버지는 우리의 일상 모든 순간에 교육적인 것을 염두에 두었던 것 같다. 어떤 날은 먼지 쌓인 학교 도서관에 우리를 데려가서 풀어놓으셨고, 어떤 날은 밖으로 잠자리나 귀뚜라미 채집을 하러 갔다. 밖에 다녀 온 날은 잡아 온 잠자리를 핀셋에 꽂아 스티로폼에 고정한다든지, 빈 꿀통에 모래를 넣고 개미집을 만들어주는 등 밖에서 가져온 모든 것들을 모두 교육적 소재로 만들었다. 할아버지는 무엇이든지 정확히 이해할 수 있게 설명해주셨고 다음 활동은 어떤 것인지 예측할 수 있게 미리 이야기해주셨다. 지금 생각해보면 할아버지가 어떻게 이렇게 홈 스쿨링 프로그램을 훌륭히 경영할 수 있었는지 놀라운 뿐이다. 초 등학교 교사이셨기 때문이셨을까? 아마도 그럴 것이라고 생각한다. 나는 할아버지의 홈스쿨링에 완전히 적응했고, 어린아이가 흔히 그 러하듯이 그것이 옳다든지 가혹하다든지 아니면 다른 것이 가능할 것이라는 등의 어떤 판단조차 하지 않고 그 모든 것을 자연스럽게 흡수했다. 그리고 할아버지의 교육 활동들을 따라가며 깊은 안정감 과 애정을 느꼈다. 나는 그때부터 할아버지를 우러러 보아 왔고, 세 월이 갈수록 시골의 정취와 더불어 할아버지와의 기억은 더욱 미화 되는 듯하다.

1.2 아버지에게 할아버지는

그러나 신기하게도 아버지가 할아버지에 대해 떠올리는 경험들은 마치 다른 사람 이야기를 하는 것처럼 나의 것과는 너무나 다르다. 할아버지는 책임감 있고 성실하기 이를 데 없는 가장이었지만, 아 주 어릴 때부터 '교사 자식은 이래야 부끄럽지 않다.'고 하며 엄한 선생님 같이 자녀를 대했던 아버지였다고 한다. 특히 아버지가 초 등학교 때 할아버지가 교사로, 아버지가 학생으로 같은 학교에 다 녔을 때가 있었는데, 같은 곳을 가는데도 나란히 걸은 기억이 없으 며 교사 자식이라고 더 봐주면 버릇 나빠진다며 다른 학생들에게 대하는 것보다 더 엄하게 아버지를 대했다는 것이다. 아버지는 학교에서 조금만 실수하거나 말썽을 일으켜도 '교사 자식이 그러면 되냐'며 뺨을 맞았던 이야기, 친구와 함께 싸워도 자신만 혼난 이야기, 특혜는커녕 항상 불리한 것을 선택하기를 강요받았던 이야기를 들려주셨다. 이런 일화를 통해 할아버지가 어린 아버지에게 요구했던 '교사 자녀다움'은 아버지에게 많은 상처와 억울함을 남겼다는 것을 느낄 수 있었다.

물론 내가 경험한 할아버지는 50대의 교감선생님이었고 아버지가 경험한 할아버지는 30대 청년 교사였기에, 전혀 다른 두 사람으로 느껴지는 것도 무리는 아니다. 그러나 할아버지가 인생 전반에 걸쳐서 보여주셨던 다양하고 역동적이며 때로는 서로 모순되어 보이는 '교사다움'은 이 시대의 교사들이 살아가는 이야기와 아주 동떨어져있지 않아 보인다. 따라서 본 연구에서는 이러한 연구자의 경험을 바탕으로 아이를 기르고 있는 세 여교사들의 경험 이야기를 소재로 하여 현대를 살아가는 교사맘들의 삶을 탐구해보고자 한다.

∾•∾
2. 연구의 필요성 및 연구 주제

2.1 연구의 필요성

교사들이 교육대학원을 졸업하기 위해 쓰는 논문 주제 목록을 보고 있다 보면 꽤나 지겹다. 천편일률적이기 때문이다. 진짜 본인이 궁금한 것이나 교육 현장에 필요한 것을 연구하기보다 단기간에 완성하기 쉬운 연구주제와 연구방법을 택하는 경향이 있다. 예를 들어, 어떤 특정 교수법의 효과를 알아보기 위해 수업 때 그 교수법을 단기간 쓰고 학생집단의 성취도를 사전사후 테스트하거나 그 교수법을 쓰지 않았던 그룹과 비교하여 효과가 있는지 없는지를 결론낸다. 또는, 학생이나 교사에게 대량의 설문지를 돌려 인식연구를 한다든지 하여 재빨리 연구를 끝낸다. 본인의 석사논문도 이와 크게 다르지 않았다. 학생과 영어교사들이 다양한 영어발음을 어떻게 다르게 인식하는지 알아보기 위해 녹음을 들려주고 설문지법을 사용해 조사한 후 통계를 돌렸다. 논문을 쓰며 양적연구의 한계점을 깊이 인식했다. 양적 연구는 일반화를 도출해내기 용이하고 수치로 결론을 설명할 수 있지만, 인간과 인간 사회를 심층적이고 정확하게 이해하는 데 한계가 있었다. 실제 학교 현장이 가지고 있는 역동성과 다양성을 드러내기 쉽지 않고 독자가 공감할 수 있는 언어로 표현되지 않아 교육현장에서의 공감을 일으키기 쉽지 않은 것이다(오영재, 2006).

따라서 연구자가 본 연구 주제와 방법을 정할 때 가장 우선시했던 것은 교사의 실생활과 밀접하게 연관된 주제, 교사가 매일 하는 고민을 충실히 반영한 주제, 그리고 적은 수의 참여자를 연구하더라도 깊이 파고들어 삶의 본질을 이야기하는 주제, 질적 연구방법을 사용하여 연구 결과를 통계 용어가 아니라 일상 언어로 표현할 수 있는가 하는 것이었다. 그리고 주목하게 된 것이 '여교사의 삶'이었다. 2012년 한국의 교육단계별 여교사 비율을 살펴보면, 여교사는 유치원 교원의 99%, 초등학교 79%, 중학교 69%, 고등학교 48%를 차지하고 있다. 이는 OECD 국가들의 평균인 97%, 82%, 67%, 57%와 크게 차이가 나지 않는 수치로, 교단의 여성화 현상은 우리나라뿐 아니라 선진국들의 일반적 추세라는 것을 알 수 있다.[1] 따라서 교원의 핵심구성원인 '여교사의 삶'에 대해 연구하는 것은 교단 여성화가 교육정책이나 단위학교 행정 등에 앞으로 미칠 영향과 대책을 논의하기에 앞서 선행되어야 할 연구이며, 미래의 학교 문화와 교직 사회를 더욱 깊고 정확하게 이해하는데 반드시 필요한 일이라고 확신한다.

---

[1] 교육부, 한국교육개발원, OECD 교육지표 조사결과 발표(세종: 교육부, 2014). p.21

2.2 선행연구

교사에 대한 논의를 찾아 거슬러 올라가면, 플라톤의 교사론, 기독교의 교부이자 사상가인 아우구스티누스의 교사론, 20세기 대표적 교육사상가인 파울로 프레이리의 교사론 등을 들 수 있다. 위와 같은 철학자들과 교육사상가들의 교사론에는 '참된 교사가 되려면 이런 자질을 가지고 있어야 한다.' 또는 '교사라면 이런 진리를 가르쳐야한다.'는 등의 교사의 자질과 가르치는 내용에 대한 철학적, 도덕적, 원론적인 논의가 있었다. 그 후, Waller가 '교수 사회학' 이라는 학문 분야를 발전시키며 사회학적 관점에서 학교내외의 구조와 문화를 기술하기 시작하였다(장규일, 1998). 그러나 이때까지도 교사의 자질과 인성적인 면을 연구하는데서 벗어나지 못하다가 교사에 대한 연구가 큰 변화를 맞은 것은 1970년대 해석적 사회이론이 교육연구에 소개되면서부터이다. 해석적 사회학은 행위자의 일상생활, 행위자 자신의 해석, 행위자가 상황을 어떻게 정의하는지 등에 관심을 두고, 인간의 행위의 동기와 의미를 이해하는데 그 목적을 두었다. 이 문화기술적인 연구방법론을 활용하여 이제까지와는 다른 새로운 연구들이 시작되었는데, 연구자가 현실세계에 직접 참여하고 관찰하여 현실세계를 기술하고 이해를 높이는 방법을 사용하기 시작한 것이다. 객관적인 것을 규명해 내야한다는 압박에서 벗어나 주관적으로 해석된 세계에 대해 연구함으로써 현실에 대해 더 정확하고 나은 이해를 할 수 있다고 믿게 된 것이 가장 큰 변화였다. 해석학적 인식론은 지금까지 변인통제를 통해 수치로 된 결과와 일반화를 끌어내던 연구방법에서 벗어나, 학생과 교사의 일상생활, 그 생활 속에서 일어나는 교육과정의 모습, 이론적 지식이 아닌 교사의 실천적 지식 등에 관심을 갖기 시작하였고, 1980년대 영국을 중심으로 활발한 연구가 이루어지기 시작한다.

우리나라에서도 1990년대 들어서 해석적 사회이론과 질적 연구들이 국내에 소개되며 이전에는 전무하다시피 했던 교사문화에 대한 연구가 시작되었다(오영재, 2001). 교사문화란 교사들에게 독특하게 발견되는 교사 공통의 의식, 행동양식, 가치관 등으로, 초기의 연구들은 다음과 같은 주제를 다루었다. 초등학교의 교사문화를 연구하거나(황기우, 1992; 장규일, 1998), 초등교사와 중등교사의 문화차이를 연구하거나(박안식, 1995), 도시 지역과 농촌지역의 교직문화 차이를 탐구한 연구물(고영일 외, 1993) 등이 있다. 교사 문화만 연구하는데서 확장하여 홍재호(1994)는 교사문화와 다른 변인들(학업성취도, 학습동기, 학교생산성 등)의 상관관계에도 주목하기 시작한다.

최근 교사에 대한 연구는 교단의 여성화현상에 주목하여 여교사에 대한 연구들이 활발히 이루어지고 있다. 여교사에 대한 연구는 중년여교사에 대한 연구와 기혼여교사와 관한 연구로 나눌 수 있는데 후자의 연구가 주를 이루고 있다. 또한, 최근 여교사의 교육행정직 진출 기회 정도와 그 촉진·저해요인도 서승미(2004), 한성신(2004), 최유경(2007)의 등을 통해 연구되었다. 여교사 연구의 주를 이루는 기혼여교사에 대한 연구를 살펴보면, 기혼여교사가 미혼여교사나 남교사 등과는 달리 엄마와 교사라는 이중역할을 수행하는 특수한 상황에 있다는 것을 가정하고 있으며, 기혼여교사의 직무수행능력에 대한 본인 및 동료교사들의 인식 연구와 기혼여교사의 다중역할갈등을 중점적으로 다루고 있다. 여교사의 직무수행에 대한 인식연구는 학교 구성원들이 여교사에 대해 가지고 있었던 기존의 고정관념과 편견을 깨려는 방어적 목적의 연구가 주를 이루고 있으며(오영재, 2006), 연구방법은 주로 설문지법을 쓰고 있다. 자세히 살펴보면, 대구시내 초·중등학교 300명을 설문조사한 박아청(1994), 대구 중등교원 310명을 설문조사한 김혜정(2007), 서울지역 일반계고 교원 332명을 조사한 김인혜(2002), 전남지역 초·중등학교 272명을 대상으로 연구한 장문희(2003) 등이 있다. 설문지법을 사용하지 않고 질적 연구 방법을 사용한 연구는 아주 극소수로 신원학(2008)이 초등남교사 5명과 초등여교사 5명을 대상으로 교직여성화가 초등학교에 어떤 영향을 미치는지 면담한 연구 한편 정도를 찾을 수 있을 뿐이다. 위 연구들은 여교사의 직무수행 능력이 남교사에 비해 낮지 않을 뿐 아니라, 영역에 따라서는 남교사보다 높다는 것을 결과로 내놓고 있다. 남교사와 여교사의 비교뿐만 아니라 다른 교사구성원들과 비교한 연구들도 찾을 수 있는데 미혼여교사와 기혼 여교사의 직무수행에는 의미 있는 차이가 없다는 것을 밝힌 김경순(2000)의 연구와, 자녀가 많은 여교사가 자녀가 적은 여교사보다 오히려 직무수행 수준이 더 높다고 증명한 심순아·정복분(2004)의 연구가 있다. 한편, 여교사의 다중역할갈등에 대한 연구는 다중역할의 실체를 밝히고 갈등과 소진을 유발하는 요인을 규명함으로써 여교사의 직무 효율성을 재고하고자 하는 목적으로 실행되었다. 경기도 여교사 300명을 대상으로 다중역할갈등을 검증한 이경희(2004), 인천 여교사 212명을 대상으로 자녀수에 따른 갈등지수를 조사한 정현실(2001), 강원도 여교사 200명을 대상으로 엄마 역할이 직무스트레스와 교사효능감에 미치는 영향과 상관관계를 조사한 전승희(2014)의 연구가 있다. 이 선행연구들도 설문지를 사용한 양적연구방법에 의존하고 있으며, 질적 연구는 5명의 중등 여교사에게 자기보고서를 쓰게 하여 약 15년의 교직생활이 어떤 양상으로 변화했는지를 알아본 오영재(2006)와 중등여교사 6명의 교단일기를 분석한 박미옥(2003)이 유일하다.

위에서 살펴보았듯이, 여교사 집단에 대한 연구가 2000년대에 들어 아주 활발하게 이루어지고 있다. 이 선행연구들은 여교사의 직무수행능력과 그들의 삶에 대해 이전에는 드러나지 않았던 새로운 사실들을 알려주고 기존의 편견을 깨뜨려 교육현장에 시사점을 준다는 점에서 학문적 의의가 있다. 그러나 연구방법이 설문지법을 사용하는 양적연구로 매우 획일적이고, 따라서 설문지법으로 알 수 있는 연구 결과에 한계가 있었다. 또한, 연구 주제에 있어서도 이제는 방어연구나 인식조사를 넘어선 다양한 주제를 다룰 시점에 놓여 있다. 따라서 본 연구는, 질적 연구방법을 활용하여 세 명의 여교사의 경험이야기를 탐구함으로서 교사맘에 대해 더욱 깊고 총체적으로 이해해보고자 한다. 연구 주제는 다음과 같다.

2.3 연구 주제

본 연구는 교사맘의 삶을 살아내고 있는 세 중등여교사의 경험 이야기를 바탕으로

1. 어떤 경험을 통해 교사가 되었는지
2. 엄마와 교사라는 두 가지 역할을 병행하기 시작할 때 어떤 변화를 겪었는지
3. 엄마와 교사라는 두 가지 삶이 발전하며 어떻게 서로 역동적으로 영향을 주고받았는지
4. 워킹맘으로서의 한계와 갈등 경험 (교직에 국한되지 않는 경험)

에 대해 질적으로 연구해 보고자 한다. 사전에 이 연구를 통해 얻으려고 하는 결론은 일반화 도출이 아님을 명확히 한다. 그 대신 본 연구는 특정 개인의 경험이 가지는 의미를 찾아내고 인간 개인을 실제적 맥락 안에서 이해하며 독자의 삶에 공명을 일으켜 스스로 삶을 성찰하게 하는데 그 목적이 있다.

3. 연구방법

3.1 내러티브 탐구 이론

본 연구는 인간의 삶은 살아진 경험들로 구성되고 한 사람을 이해하기 위해서는 그의 경험을 탐구해야만 한다(홍영숙, 2013)는 전제 아래, 질적 연구방법 중의 하나인 내러티브 연구를 채택하였다. 내러티브 탐구는 특정한 상황 속에서 경험한 현상을 설명함으로써 개인의 일상생활 속에 내재된 삶의 의미를 생성하는 탐구방법으로, 한 개인이나 적은 인원의 경험을 분석하고 해석하기에 가장 적절한 연구방법이다(Clandinin & Connelly, 2000). 이는 근본적으로 내러티브를 활용하여 분석하고 해석하는 연구방법(Lieblich, 1998)으로, 내러티브는 면담자가 내뱉는 정돈되지 않은 많은 낱낱의 이야기 속에 존재하는 플롯 라인(이야기 형태, story form)이고 연구자의 분석과 해석의 대상이 되는 이야기들을 의미한다. 내러티브 연구의 종류는 다음과 같이 유형화 할 수 있는데, 본 연구는 밑줄 처리된 연구 방법을 선택하였다.

〈 내러티브 연구의 유형화 방식(Creswell,2007) 〉

1. 연구자의 분석전략	내러티브의 분석 (analysis of narrative)		내러티브 분석 (narrative analysis)
2. 내러티브 양식의 다양성	자전체적 연구 (biographical study)		구술연구 (oral history)
	자서전적 연구 (autobiography)	생애사 연구 (life story)	

　'내러티브 분석'은 연구자가 연구 참여자에게 일어난 사건에 대한 내러티브를 수집하고 이들을 하나의 줄거리를 지닌 이야기로 재구성하는 것이다. 수집된 내러티브들을 연구자의 해석을 통해 또 다른 내러티브로 재탄생시키는 것이다. 이는 내러티브의 구조와 단위에 집중하여 비교적 객관적으로 분석하는 방법인 '내러티브의 분석'과는 달리 연구자의 주관적 관점이 보다 드러난다. '구술연구'는 생애 전체가 아닌 특정 사건에 대한 개인들의 반성과 성찰들을 모은 것으로 구성되어 있으며, 이를 대화나 면담 등의 형태로 수집한다.

　내러티브 탐구 이론은 Dewey(1938)의 경험이론에 철학적 바탕을 두고, Clandinin과 Connelly(1994)가 세운 기준에 따라 경험을 3차원적 지점과 4방향성으로 탐구하는 연구방법으로 교육학 연구에서 처음 시작되어 현재는 다른 여러 분야에서 활용되고 있다. Dewey의 경험이론과 경험을 3차원적 지점과 4방향성으로 탐구하는 방법이 무엇인지 살펴보면 다음과 같다.

Dewey(1938)는 경험이론에서 우리가 일반적으로 쓰는 '경험'이라는 단어를 교육 연구에 쓰이는 탐구적 용어로 볼 것을 제안하며, 경험이 인간이해의 출발점이고, 교육은 곧 삶이며 삶은 곧 경험이라는 등식을 제시했다. '경험'을 탐구적 시각으로 봄으로써 교육적 삶에 대해 우리가 좀 깊이 이해할 수 있게 된다는 것이다. 경험은 계속해서 변화하고 있는 것으로, 인간적, 사회적, 제도적, 문화적 환경과 끊임없이 상호작용하며 재구성 된다. 그가 제시한 경험의 두 가지 속성은 시간적 지속성, 상호작용성과 상황성이다. 시간적 지속성(Continuity)은 모든 현재의 경험은 이미 전에 지나가버린 과거의 경험으로부터 무언가를 취하고, 또한 다가올 미래의 경험의 질을 어떠한 방향으로든 수정한다는 것이다. 상호작용성과 상황성(Interaction and Situation)은 경험이 자신의 내재적 조건, 예를 들어 감정, 희망, 양심, 기질, 도덕, 신념과 외재적 조건인 환경과의 상호작용에 의해 형성되는 것이며 이러한 상호작용 속에서 상황(Situation)이 발생된다는 것이다(홍영숙, 2013).

Clandinin과 Connelly(1994)는 Dewey의 경험이론을 근거로 하여 경험을 분석하는 틀을 창안했다. 시간성, 사회성, 장소라는 3차원적 탐구지점을 통해 경험을 분석해야한다는 것인데, 시간성은 과거-현재-미래의 경험을 연속성 있게 살펴야한다는 것, 사회성은 연구 참여자의 경험이 개인적인 동시에 사회적이므로 사회적 맥락 속에서 살펴야한다는 것, 그리고 장소는 특정 물리적 장소(가정 또는 학교 등)가 그 경험에 미치는 영향을 고려해야 한다는 것이다. 또한, 경험을 탐구할 때 4방향으로 경험을 살펴보아야 하는데, 뒤로

(backward), 앞으로(forward), 외적 상황에서 내적상황으로 (inward), 내적 상황에서 외적 상황으로(outward) 탐구해보는 것이다.

내러티브 탐구 이론은 교육학에서부터 시작되었기 때문에 특히 교사의 경험과 정체성에 대해 연구가 심도 있게 이루어져왔다. 내러티브 이론에서 정의하는 정체성이란 "인간의 과거와 현재라는 상황 맥락에서 구성되어지는 삶의 이야기의 독특한 발현으로, 다중적이며 유동적이고 주위 사람들과 함께 끊임없이 구성되고 재구성 되는 것"(Calindinin et al., 2006, p.9)으로 정의된다. 독립적이고 고정적인 어떤 것이 아니라, 개인의 지식과 다양한 상황 속에서 계속해서 변하며 상호 영향을 주고받는 것으로 보는 것이다. Connelly와 Clandinin(1999)는 교사정체성의 이러한 특성을 탐구하기 위하여 세 가지 주요개념을 고안했다. '교사의 개인적 실제적 지식(personal practical knowledge:PPK)', '전문적 지식 환경 (professional knowledge landscape:PKL)', 그리고 '정체성'이라는 용어 대신 '교사가 살아내는 이야기(teachers' stories to live by)'라는 용어를 사용했다. 먼저, '교사의 개인적 실제적 지식'은 교사가 가지고 있는 지식에 대한 특정 시각이 반영되어 있는 개념이다. 이 개념에서는, 교사를 개인적이고 실제적인 지식을 가지고 있는 존재로 보는데, 여기서 지식은 배우거나 전수된 어떤 객관적이고 독립적인 지식이 아니라 '인간 경험의 총합'을 의미한다, 즉, 교사의 지식은 특정 환경에서 경험을 통해 체화되어진 지식이며, 특정 시간과 장소에서 발현되어지는 지식이다. 따라서 개별교사의 지식은 서로 다를 수밖에 없으며 이것이 그 교사의 행위의 모든 면에 영향을 미치게 된다. 예를 들면, 교사의 '개인적 실제적 지식'은 교사의 개인적 신념, 가치관, 학교나 양육에 대해 갖고 있는 이미지와 원칙들, 학생과 아이에 대해 갖고 있는 은유적인 상징이 될 수 있다. 또한, 교사는 이러한 각자의 '개인적 실제적 지식'을 가지고 '전문적 지식 환경(PKL)', 즉 학교 환경을 살아간다. 학교와 가정에서 두 가지 환경에 노출되는 교사맘에게는 두 가지 '전문적 지식 환경'이 멀티플하게 작용한다. 이 개념은 특정 장소만 의미하는 것이 아니라, 장소와 그 안에서 형성되는 사람들과의 관계, 예를 들면 학교에서는 동료교사, 학생, 관리자와 형성하는 관계, 가정에서는 자녀와 배우자와 형성하는 관계 등, 여러 가지 것들과의 '관계성'에 초점을 둔다. 따라서 비슷한 '개인적 실제적 지식'을 가지고 있는 교사도 다른 '전문적 지식 환경'에서는 다른 삶을 살아내기도 하며, 한 교사가 여러 개의 서로 다른 '전문적 지식 환경'에 처하게 되면 다양한 삶(정체성)을 살아내게 되는 것이다. 이렇게 한 개인이 서로 다른 이야기를 살아가다보면 그것들 사이에서 발생하는 되는 긴장(tensions)이 있을 수 있는데, 이 긴장을 이해하기 위해 Clandinin과 Connelly(1995)는 '경쟁하는 이야기(competing stories)'와 '충돌하는 이야기(conflicting stories)'라는 용어를 개발하였다. 경쟁하는 이야기란 서로 다른 삶이긴 하지만 추구하는 가치 면에서 그다지 큰 충돌을 일으키지 않기 때문에 함께 갈 수 있는 이야기이고, 경쟁하는 이야기란 두 삶이 너무 달라 충돌이 일어나게 되므로 수명이 길게 살 수 없는 이야기를 의미한다.

본 연구에서는 경험을 보는 시각, 경험을 분석하는 틀, 교사의 정체성(삶)에 대한 정의와 탐구 방법 등에 있어 내러티브 연구방법을 충실히 따르며 세 교사의 삶을 탐구해보겠다.

3.2 연구참여자의 선정

본 연구는 경기도 소재의 중·고등학교에 근무하는 3명의 중등교사와 2016년 3월부터 11월까지 9개월 사이에 이루어졌다. 연구 참여자 선정 기준은 '주제 관련 경험이 풍부한가?'와 '그 경험이 최근의 것인가?'였다. 참여자를 선정하기 위해 기준에 합당한 5명의 교사에게 참여를 요청했으나 2명이 거절했다. 참여자의 수를 세 명으로 한 이유는 내러티브 연구가 다른 연구 방법과 비교했을 때 면담자의 수가 적더라도 몇 시간씩 몇 번에 걸친 면담으로 인원에 비해 수집되는 자료의 양이 풍부하기 때문이었고(Lieblich, 1998), 오히려 세 명이 넘으면 한 명 한 명 당 깊은 연구가 어렵고 독자에게 혼란을 줄 수 있기 때문이다(홍영숙, 2016). 연구 참여자를 공립중등교사로 제한한 이유는 연구자와 연구 참여자의 공유하는 경험의 장(field)을 최대한 늘리기 위해서였는데, 연구자 본인이 엄마로서의 경험은 없기 때문에 면담자와 같은 급의 학교에서 근무한다는 공통점을 확보하여 참여자의 경험을 더욱 깊이 이해하고자 했다. 연구자와 3명의 참여자 각각과는 한 학교에서 근무한 적이 있으며, 그중 2명과는 과거 10년 동안 매우 친밀한 관계를 유지해왔고 다른

1명과는 5년 정도 동료교사로 알고 지냈던 사이이다. 따라서 면담 전 원활한 의사소통을 위해 반드시 필요한 래포 형성은 매우 잘 이루어져 있었다. 연구 참여자의 기본적인 정보는 다음과 같다.

	이 교사	김 교사	박 교사
나이	34세	50세	44세
과목	수학	과학	가정
교육경력	8년	25년	12년
자녀	딸 1명, 7세	아들 2명, 21세, 23세	아들 2명, 17세, 19세

3.3 연구 과정

연구 과정은 내러티브 탐구의 전형적인 다섯 단계를 따랐다(염지숙, 2003).

1단계: 현장에 들어가기 (연구문제와 참여자 선정, 연구자 자기 내러티브 기술)
2단계: 현장에서 현장 텍스트 수집 (자료수집-개인인터뷰, 후속인터뷰 등)
3단계: 현장 텍스트 작성하기 (녹음을 전사본으로 만들기)

4단계: 현장텍스트를 통해 연구텍스트 구성하기 (자료의 분석과
　　　　해석)

5단계: 연구텍스트 작성하기 (비유 등을 통해 내러티브 재구성,
　　　　동료 연구자의 검토 및 수정)

　개인인터뷰는 참여자 또는 연구자의 집이나 스터디룸에서 자연스러운 분위기 속에서 이루어졌다. 설문지나 자기보고서 양식을 이용하지 않고 면담을 통해 경험을 듣고 대화하는 방식을 채택했는데, 이 방법이 참여자들이 자신의 경험을 돌아보고 공유할 때 자신이 더 격려 받는다고 느끼기 때문이다(Mitton, 2008). 대면면담 시간 및 횟수는 각 연구 참여자 당 약 3회, 회당 1-3시간 정도였으며, 그 후 추가로 대화가 필요한 주제에 대해서는 전화통화 및 문자로 보충하였다. 모든 대화는 녹음되었으며 여러 번 들으며 전사의 단계를 거쳤다. 참여자의 목소리의 높낮이, 톤, 말투 등과 침묵의 시간 등을 메모했으며 이 과정을 통해 문서상으로 진행하였다면 전혀 알 수 없었을 중요한 정보들을 얻을 수 있었다. 또한, 주제와 관련된 사진 등이 있다면 제공해달라고 추가로 부탁하여 이해를 더하였다. 각 교사에 대한 중간연구물을 작성한 후에는 각 교사에게 연구물을 보여 주며 경험을 해석한 것 중에 잘못 해석한 것이 있는지 확인과정을 거쳤다. 그 후 수정된 최종연구물이 나오게 되었다.

4. 세 교사맘의 내러티브 풀어내기

4.1. 나를 교사가 되게 한 것은

세 교사는 중등교사가 되기까지 각기 다른 독특한 경험을 통해 교직으로 들어왔다. 이는 각 개인이 처한 시대적 상황과 사회 분위기를 반영하는데, 30대 교사인 이 교사는 내적 동기에 따라 자아실현의 일환으로 교직을 선택하였으며, 50대 교사인 김 교사는 산업 성장기 경제적으로 불안했던 한국의 한 가정에서 개인적 꿈의 성취라기보다 외적인 이유, 즉 주위에서 강력히 권유했고 가정형편을 고려하여 교직을 선택했다. 교직을 선택한 동기가 세대별로 크게 차이가 나는 점은 교사단체 중의 하나인 '좋은 교사'에서 실행한 세대이해프로젝트의 연구 결과와 일치한다.[2] 한편, 박 교사는 교사가 될 생각이 전혀 없이 살다가 출산 후 재취업의 수단으로 교직에 들어온다. 최근, 초임교사의 나이대가 점점 올라가고 있고 가정을 꾸

---

2) 『좋은교사』, 2016년 12월호, 제196호, "2030 기독교사, 그들 속으로", p.46-80

리고 나서나 다른 직업을 가졌다가 교직으로 유입되는 경우도 점점 증가하고 있어 박 교사의 이야기도 교직 사회를 이해하는데 시사점을 줄 수 있다. 세 교사는 각기 다른 경험을 통해 교사가 되고, 그 동기와 경험에 따라 각각 다른 교직관을 형성한다.

4.1.1 이 교사 이야기 : 가르치는 일, 나에게 가장 잘 맞는 옷

이 교사는 청소년 시절부터 가르치는 일이 자신의 적성이고 소질이라는 확신을 갖고 있었다. 중고등학교 시절 친구들에게 공부를 가르쳐 주는 것이 참 즐거웠고 친구들도 자신의 강의를 기다리곤 했다. 되고 싶은 것이 명확하고 학업성취도도 높았기 때문에 중3때부터 다른 직업은 생각도 해 보지도 않고 사범대학에 들어가 임용고시를 한 번에 패스하여 수학 교사가 되었다. 이 교사가 2006년 초임교사로 발령 났을 시기는 1997년 IMF외환위기 이후 교직이 높은 직업안정성을 이유로 가장 인기 있는 직업이 되었을 때다. 그러나 이 교사는 자신은 절대 정년보장이나 연금혜택 등 직업안정성을 보고 교직을 택한 것이 아니라 정말 '가르치는 것이 좋아서' 교직을 선택한 것임을 거듭 강조했다.

나는 좋은 선생님이 되고 싶었어. 내가 선생님이라는 직업을 택한 건, 뭐 할게 없어서나 ..혹은. 뭐가 보장이 되어 있어서가 아니라. 내가 하고 싶어서, 정말 하고 싶어서 한 거였어.

진로에 대한 확신을 가지고 들어간 직장이었지만 처음 맞닥뜨리게 된 학교의 모습은 생각했던 것과는 달랐다. 그러나 곧 초임교사로서 여러 가지에 대해 차근차근 배워가는 것에 보람과 즐거움을 느꼈고 방과 후에는 교수법과 관련된 연수를 찾아다녔다. 처음 근무했던 중학교에서 자신은 '생계형' 교사나 '설렁설렁하는 교사'가 되지 않고 끊임없이 발전하는 교사가 되고 싶다고 결심한다.

　하나하나 뭐가 문제인지 생각하고 극복하는 게 재밌었어! 뭔가 노련해지고 내가 뭘 하면 더 잘 할 수 있을 것인가 생각할 때 너~무 좋았고. 내가 그냥 여기서 월급 받는 생계형 직업인이 아니라 정말로 의미를 찾는 게 좋았어. 그래서 학교 끝나고 연구회 같은데도 찾아가서 배우고. 그만큼 그게 좋았고... 그게 정말 뭐라 그럴까 설렁설렁 하는 사람들도 있잖아. 어딜 가나. 하지만 정말 그렇게 하고 싶지는 않았거든. (중략) 나는 정말. 밥벌이나.. 뭐 그렇게 생각해본 적이 없어. 가르치는 일을 할 때 너무 좋았어.

　이 교사는 가르치는 데 소질이 있었기 때문에 교사라는 직업을 선택했고 교사는 '가르치는 사람'이라는 인식이 강했다. 따라서 초임교사의 눈으로 다른 교사를 볼 때, 교직을 밥벌이로 생각하며 가르치는 일을 소홀히 생각하는 교사를 마음속으로 비난했다. 반면 좋은 교사는 교수법을 다양하게 배우며 끊임없이 수업 연구를 하는 교사라는 생각을 가지고 있었다.

4.1.2 김 교사 이야기 :
학생을 돌보는 교사, 체념과 인정을 통해 발견한 나의 길

김 교사는 원래 약사가 되고 싶었으나 넉넉지 않았던 집안 형편 때문에 서울에 있는 사립대를 갈 수 없었다. 그리고 '여자는 선생이 최고다!'라고 생각하는 아버지의 가치관에 거역할 생각을 못하고 국립대 사대에 들어갔다. 사범대에 다니면서도 울며 재수를 하고 싶다고 했지만 부모님이 시켜주지 않았다. 재수를 못하니 대학 졸업 후 대학원 공부를 계속해서 제약회사 연구원이 되거나 교수가 되겠다고 생각을 했으나 대학원 학비를 부모님이 대주지 않아 학비를 벌기 위해 일단 교단에 섰다. 발령 난 학교에서 교사로 일하며 석사를 병행했다. 그러나 곧 결혼, 출산, 남편의 해외파견에 동반하는 등의 가정사가 겹치며 국내에서 박사 진학을 포기해야 했다. 함께 석사과정을 공부했던 친구들이 모두 박사로 진학할 때 김 교사는 그 길을 결국 포기 했고, 아버지에 대한 원망과 친구들에 대한 부러움, 자신의 결정에 불안함을 느끼며, 그 때서야 자신이 오랫동안 받아들이기를 보류하고 있던 교사의 길에 대해 진지하게 생각해보게 된다.

한동안은 교사일을 하면서 '내가 아빠 때문에 가기 싫은 데를 왔어!' 했지만, 계속 이 길을 걸어오면서 '그래. 내 마음 속에는 초등학교 때부터 어떤 선생님이 돼야지~하는 게 있었어. 그게 있었구나. 그거를 부정하지 말아야지.' 라고 받아들이게 됐지. 물론

변명일 수도 있는데, 그냥... 그런 기억을 떠올리며 내 길은 교사라는 걸 인정하게 된 거야.

김 교사는 더 이상 '누구 때문에 교사 길을 선택했다.'고 원망하던 것을 그만두기로 한다. 그리고 그때까지 절대 인정하고 싶지 않았던 새로운 사실을 깨닫는다. 사실 자신은 학창시절 내내 학교라는 공간과 선생님들을 매우 좋아했던 학생이었다는 것과, 그 옛날 초등학교 선생님들의 이름과 그 선생님들에 얽힌 일화 하나하나까지 모두 기억할 만큼 교사라는 직업을 특별하게 생각했다는 것이다.

초등학교 6학년 때 선생님은 엄격하면서도 공정하고 되게 좋았거든. 그래서 그 선생님을 존경했어. 우리 엄마가 비가 오면 부침개라든지 맛있는 전병이라든지 찐빵이라든지 그런 걸 해줬는데, 내가 학교 다녀와서 한두 개를 먹고 나면 엄마보고 꼭 싸달라고 했어. 아직 선생님이 퇴근을 안했잖아. 그럼 내가 우산을 들고 그 비를 질척질척 맞아가면서 학교에 가서 선생님한테 갖다 드렸거든. 내 진심으로... 1년 동안 내가 진짜 수십 번 갖다드렸거든. 그렇게 방과 후에 학교 들락거리다가 우리 6학년 때 선생님이 5학년 2반 남자선생님이랑 연애하는 것도 나한테 들켰어 (박장대소하며). 그때부터 담임 쌤이 어차피 들켰으니까 5학년 2반에 개인적인 심부름을 나한테 시켰어. 선생님이 수줍어하면서 우물쭈물하면서 '이거 5학년 2반에 갖다드려~'하면서. 하하하.

김 교사의 선생님에 대한 기억은 초등학교 때에 집중되어 있었는데 가난했지만 똘똘했던 자신을 살뜰히 챙겨주었던 교사들을 기억하고 있었다.

초등학교 3학년 때 교대를 막 졸업한 너무 예쁜 선생님이 내 담임이 됐어. 근데 이 선생님이 너무 순수한 거야. 초등학교 1,2학년 때 담임선생님들은 치마 바람 셌던 엄마의 애를 예뻐했는데, 이 선생님은 가난하지만 똘똘한 나를 사랑해줬어. 학교가 끝나면 선생님이 나한테 문제집을 주면서 '내일 아침조회 때 할 꺼~ 여기서부터 여기까지 칠판에 써놔'라고 해. 그럼 내가 그걸 쓸 동안 애들이 청소를 하고 다 가. 그럼 선생님이 캐비닛을 열고... 나는 선생님의 캐비닛을 되게 동경했어. 거기에 맛있는 게 되게 많아. 그 안에 있는 걸 선생님이 나랑 먹는 거야. 어쩔 때는 선생님 도시락을 젓가락으로 딱~ 반을 나눠서 나랑 같이 먹자네? 그걸... 그리고 내가 초3 때 되게 가난했고 책도 많이 없는걸 아니까 학교에 남겨서 책도 보게 해주고. 그러다가 또. 쌤이 리코더를 꺼내서 "쌤이랑 알토랑 소프라노 이렇게 나눠서 같이 불어볼까?"해서 같이 불고... 그랬어. 그래서 나 그때 그런 생각했다? '나도 선생님이 돼서, 캐비닛 속에 맛있는 걸 많이 넣어 놨다가 엄마가 학교 안 찾아와도 착하고 예쁜 애들 줘야지!'라고.

김 교사는 교사가 내 길이 맞는지 치열하게 고민하며 다른 길을 모색했던 시간을 돌아보며, 결국은 '공정하고 따뜻하게 아이들을 돌보는 좋은 교사'가 되겠다고 결심하며 자신의 길을 인정한다.

4.1.3 박 교사 이야기 : 비웃었던 길에 내 발로 들어오다

박 교사는 교사가 되고 싶었던 적이 없었고 자신이 언젠가 교사가 될 것이라고 생각해본 적도 없었다. 사범대를 선택하게 된 동기도 가정교육과가 다니기 만만하고 맘 편히 놀기 좋은 학과라는 판단 때문이었다. 친척이나 아는 사람 중에 교사가 전혀 없었고 교사들은 '가난한 사람들', '왠지 지겨운 집단'이라고 생각했다. 대학 졸업 후 전공과 전혀 상관없이 은행에 취업했고 결혼하며 직장을 그만두었다. 전업주부로 서른두 살이 되었을 때 7살, 5살 된 아들이 있었다. 자녀 양육을 하며 심한 스트레스를 받았으며 주부의 일상은 지겹고 정체되어 있는데 남편은 사회적으로 승승장구 하는 것을 보며 자신의 삶에 변화가 반드시 필요함을 절실히 느꼈다. 여러 이유 중에서도 박 교사가 다시 사회로 나오기로 마음먹었던 가장 결정적인 이유는 자신이 자녀에게 쏟고 있는 모든 에너지가 오히려 모두에게 화가 될 수 있다는 판단 때문이었다. '집에서 애 잡지 말고 그 에너지로 차라리 밖에서 성공하자!'는 생각으로 교직을 모색하게 되었다.

큰 애가 내향적인 성격이어서 소극적이고 수줍음을 많이 탔어. 경쟁적인 스포츠를 안 좋아하고 그니까 축구를 하면 맨날 수비만 한다거나, 그림 그리라고 하면 졸라맨만 그린다거나. 하하하. 또~

음악을 하면 피아노 치는 것도 게을리 하고 영어 학원을 가면 발표를 안 하고 칠판 뒤에 숨어있고. 뭐... 에스보드라든가 스키라든가 지가 좋아하는 것들이 있긴 있었는데 일상적으로 남자애들이 메인으로 두각을 나타내는 것들이나 엄마들 간에 경쟁이 심한 분야에는 소극적인거지. 보고 있으면 너무 열이 받는 거야. 내가 집에서 썩은 만큼 애로부터 오는 보상이 없는 거야. 근데 주위에서 엄마가 자기 성에 안찬다고 애를 몰아치면 애가 초3때쯤 원형탈모가 오는 걸 봤어. 그래서 저렇게 되느니! 그냥 애를 느슨하게 보고, 내가 직접 나가서 성공하자! 이런 마음으로 교직에 들어 간 거지.

하고 싶은 직업을 생각해봤을 때 드라마 작가나 정당에 들어가 일하는 것을 잠시 생각해보았지만, 주부 7년차 때 재취업을 하려고 보니 교사만한 것이 없었다. 임용고사가 나이제한이 없으면서 현실적으로 가질 수 있는 가장 안정적인 정규직 자리였기 때문이다. 박 교사는 결단을 내린 후 임용고사에 바로 합격하여 아이들이 8살, 6살 때 교사가 되었다. 박 교사는 초임시절을 학교에서 요구하는 온갖 역할에 적응하느라 바빴던 시기로 회상한다. 중학교에서의 첫 5년은 담임의 역할, 나이스, 성적, 교무부 업무 등에 적응하는 생존 단계였기에 이때는 '좋은 교사'가 어떤 교사인지 생각을 할 수가 없었고, 그 다음 학교에 가서야 이런 것들에 대해 자신만의 철학을 갖기 시작한다.

4.2 교사로서의 삶. 엄마로서의 삶. 병행을 시작하다

세 교사는 각자의 개인적 신념과 가치관에 따라 다른 모습으로 엄마와 교사라는 두 개의 삶을 살며 엄마라는 역할을 마음껏 즐긴다. 박 교사는 아이가 8살, 5살 때 교사의 삶을 병행하며 살아낸다. 이 교사는 두 삶이 충돌한다고 느끼며 극도의 긴장과 스트레스를 느낀다. 반면 김 교사는 두 삶을 병행하며 이전과는 매우 다른 삶을 살지만 두 삶이 큰 충돌을 일으키기 시작하여 엄마로서의 역할과 교사로서의 역할의 결이 다르고 엄마와 교사로서 각각의 역할을 충실히 할 때 가장 건강한 관계를 맺을 수 있음을 깨닫는다.

4.2.1 이 교사 이야기 : 육아. 인생의 끝이자 퇴행

이 교사는 중학교에서 5년 정도 근무했을 때 계획에 없던 임신을 하게 된다. 진취적으로 교사로서의 정체성을 형성해나가던 때에 갑작스럽게 엄마라는 정체성이 주어지자 이 교사는 매우 당황했다. 따라서 엄마가 된다는 것이 교사로서의 삶을 심각하게 위협하는 것으로 인식하며 출산과 초기 육아 기간 동안 충돌하는 두 삶을 살아간다. 이 교사는 그 당시를 회상하며 임신과 출산, 육아를 인생의 '끝'이나 '멈춘 것' 등으로 묘사한다. 사전에 엄마됨에 대한 가치관 정립이 없었던 이 교사는 양육에 대한 주위의 부정적인 반응 또한 그대로 흡수한다.

모든 게 끝난 느낌? 하하... 내 인생은 끝났다 이제. 내가 어떻게 좋은 교사가 될 수 있을까. 내가 어떻게 수학을 잘 가르칠 수 있을까를 막 고민하던 시기였거든. 근데 그런 찰나에...전혀 준비가 전혀 안 돼 있었던 거지. 뭔가 열심히 달리던 거에서 멈췄던 거지. 그거를 억지로 돌려서 육아 상황으로 간다는 거 자체가 엄~청난 스트레스였어. 너무 심하게. (중략) 그리고 내가 그렇게 생각하고 있으면 주변에서 그런 말만 들린다? '애 낳으면 인생 끝이다!' 이런 말.

임신이 발전하는 교사가 되는 것의 끝을 의미했다면, 아이 양육은 인생에 폭탄이 떨어진 것으로 인식되었다. 24시간 전적으로 아이 중심으로 반응해야하는 것에 자신이 지적, 신체적, 직업적으로 '퇴행'하고 있다는 생각을 하게 된다.

애가 나를 전적으로 필요는 하지만 내가 그 애한테 하는 일이라는 건 되게 본능적이고 동물적인 거잖아~ 그니까 뭐라 그럴까. 되게 우울하고... 뭐랄까? 내가 없어지는 느낌? 딱 그거였던 것 같아. 왜냐면 24시간을 걔의 요구에 맞춰야 돼. 내가 이러려고? 모든 사람들이 이런 생각을 한번쯤은 할 텐데. 내가 이러려고... 이러려고... 이러려고? 이 일이 너무 하찮게 여겨져서 왜냐면 그거 자체가 되게 단순한 거잖아. 사실 뭔가 고도의 학력이나 고도의 기술이 필요로 하는 게 아니야. 예를 들어보면 때맞춰 우유를 주고 때에 맞춰 기저귀를 갈고 때맞춰 목욕을 시키고 (웃음) 이런 건 진짜 학교를 아무것도 안 나와도 본능적으로 할 수 있는 일이야. (중략) 나는 되게 개인주의적인 성향이 강한 사람인데~ 내 시간을 낼 수 없는 것뿐만 아니라~ 화장실을 가는 것조차 내 맘대로 할 수 없는 거야. 내가 애를 안고 똥을 싸야 된다는 게! 이게 너무! 진짜!! 스트레스였던 것 같아. 내 영역이 보장되지 않는다는 게 너~무 싫은 거야! 그리고 내가 직업적으로도 퇴행되는 것 같은 느낌이 너무 싫었던 것 같아... 지적능력도 퇴보하고 신체도 퇴보하고 실무처리 능력도 퇴보해. 캡처를 해서 보내라는데 순간 어떻게 해야 되는지 갑자기 생각이 안 나서~ 나 되게 당황스러웠거든. 되게 우울해져. 순간... 그리고 또 경력이 단절되면 수학 공부라는 건 늘 하지 않으면~ 되게 훅 순간 감 떨어지는 거니까. 그니까 이렇게 퇴보되는 느낌이 너무 싫었던 것 같아.

이 교사의 출산과 육아에 대한 인식은 에코세대가 가지고 있는 임신과 육아에 대한 전형적인 가치관을 고스란히 보여준다. 에코세대란 베이비 붐 세대의 자녀로 1979-1992년 사이에 태어난 이들이다. 이들은 이전 세대와는 확연히 달라 사회적으로 주목을 받는 집단이다.[3] 2015년 통계청의 발표[4]에 따르면 에코세대는 4년제 대학진학률이 45.5%에 달할 정도로 교육 수준이 매우 높으며, 결혼과 출산에 대해서는 보류하는 경향이 강하다. '결혼을 해도 좋고 안 해도 좋다.'는 중립적 의견이 47.9%이나 되며, 경제적 압박과

---

3) 최샛별, 「에코 세대에 대한 사회학적 이해」, 제 5회 바른신학균형목회 목회자컨퍼런스 올림세대여, 일어나서 함께가자, 2016, p.195-217
4) 통계개발원, 「한국의 사회동향 2015」, p.1-5

일과 육아를 병행하기 힘든 사회적 구조 때문에 출산 자체를 미루거나 포기하는 세대이다. 또한, 양성평등 의식이 높아져서 59.3%가 부부가 공평하게 가사를 부담해야 한다고 생각한다. 따라서 에코세대인 이 교사에게 준비 없이 갑자기 맡겨진 엄마라는 역할은 자신이 평생 내면화한 가치관과 큰 충돌을 일으켰던 것이다. 신생아를 기르는 일은 자신이 성취한 높은 교육 수준과는 별개로 단순노동을 요구했고 출산 전까지는 당연하다고 생각했던 양성평등이 엄마가 되고나서는 전혀 당연한 것이 되지 않았다. 그 후 육아로 인한 경력단절과 복직 후 부적응 기간을 겪으며 좌절감을 겪는다. 이 교사는 1년의 육아휴직 후 복직 시기의 삶을 다음과 같이 묘사한다.

뭘 해야 할지도 모르겠고 그냥 다니기만 하는 거야. 학교에서는 수업이 있으니까 수업을 한 거고, 집에 오면 애가 있으니까 밥 먹이고 씻기고 재운거지.

4.2.2 김 교사 이야기 : 자연의 섭리로 받아들인 임신과 출산

김 교사는 여성이 결혼을 하고 임신하고 출산하고 아이를 키우는 것을 인간을 포함한 모든 생물의 본능 속에 있는 자연적 섭리로 받아들였다. 김 교사의 철학은 출산방법을 결정할 때 고스란히 드러났다. 출산 시 겪는 진통도 자연의 섭리이기 때문에 어떤 의미가 있을 것이라 믿으며 무통분만을 거부한 것이다. 출산 후 자녀를 양육하는 것도 인류의 사명이자 의무로 기꺼이 받아들였다.

애를 안 낳을 수 있다? 이런 생각은 전~혀 안 해봤지! 그건 순리를 거역하는 거잖아. 안주신다면 뭐 나한테는 안 주시나보다. 이렇게 생각할 수 있지만, 내가 의도적으로 안 낳는다? 이건 생각 안 해봤어. 이 땅에 내가 나와서 자연적인 섭리로 자손을 낳고 잘 키워서 그 아이를 이 땅에 잘 쓰이도록 이롭게 잘 키우는 것도 내 역할? 내가 부여받은 작은 의미다? 어떤 의무라고 생각했지. 내가 과학을 공부했잖아. 이 땅의 모든 생물은 그렇게 살다 가게 돼있는 걸. 동물은 낳자마자 걷고 새도 깨고 바로 독립하지만 인간의 독립은 스무 살이잖아. '스무 살까지 애를 양육하는 게 이 세상에 대한 내 의무다.'라고 생각했지. 과학 공부를 하니까 이게 다 연관이 되더라고.

김 교사는 아이 둘을 낳고 1997년 학교에 복직한다. 처음에는 18개월 된 둘째를 한 달 간 시댁에 맡겼지만 눈에 계속 밟혀서 다시 집으로 데려왔다. 그 후 내 아이는 내 손으로 길러야겠다는 생각에 주말부부로 지내는 것을 감수하고 학교 앞 월세 집을 얻어 일과 육아를 혼자 감당한다. 김 교사의 엄마로서의 삶과 교사로서의 삶은 서로 너무 달랐지만 추구하는 가치 면에서 큰 충돌을 일으키지 않아 별 갈등 없이 순조롭게 병행이 시작된다.

19개월이면 어린이 집에서 안받아준다는데 근데... 처지가 딱하니까 그냥 받아줬어요. 그래서 내 학교 근처에서 셋이 살았지. 근처에 월세 집 얻어가지고 애 둘 데리고. (얼굴에 미소가 만연

하여) 근데 그때의 삶이 너무 행복해요. 그니까 내가 아침에 밥해 놓고. 거기가 평창이었거든? 한우가 유명하잖아! 소고기 안심불고기 해가지고, 시금치 해가지고, 골고루~ 아침을 먹여서 젖병이랑 기저귀 챙겨서 어린이집에 데려다주고. 그리고 학교 가서 수업을 하고. 점심시간에는 다시 집에 가서 아침 먹다 흘린 거. 뭐 이런 거 좀 치우고 난 점심으로 아침에 먹다 남은 거 막 먹고 다시 학교 가서 오후수업을 하고... 학교 끝나면 애를 어린이집에서 데리고 와서 저녁 해 먹이고 그 다음엔 산책하면서 밖에서 막 놀아. 그리고 저녁에 들어와서 씻기고 책읽어주고 노래 부르고 그리고 재워. 애들 재우고 나면 나는 다시 일어나서 내일 아침먹일 준비를 하고 다시 아침에 일어나서 다시 또 하루가 반복되고. 이렇게 주중에 애들하고 너무 행복하게 지냈어. 나한테 이런 역할이 있다는 게 너무 감사했어. 내가 이 애들한테 이렇게 해줄게 있고 키울 수 있고 내가 꿈을 꿀 수 있잖아. 애들을 어떻게 키울까? 이런 거?

김 교사가 출산과 육아를 자연의 순리이자 특권으로 받아들인 것은 엄마로서의 삶을 즐겁게 살 수 있었던 비결이었다. 그러나 흥미로운 것은 김 교사의 그런 가치관 뿐 아니라 그 당시 주위 상황도 육아를 하는데 지금보다 훨씬 유리했다는 것이다. 학교에서 점심시간에 집에 가는 것을 허락해주었고 90년대 학교가 교사에게 요구하는 것이 수업과 학급관리 두 가지 뿐이었다는 것이다. 김 교사가 그 당시를 회상할 때 지금과는 달리 둘 다 충분히 할 만하다고 생

각되었고, 맡은 일 성실하게 하면 퇴근시간 이후까지 남아서 할 일
은 없었다며 그 때의 학교 풍경과 2016년의 학교 풍경이 서로 판
이하게 다름을 자각한다.

> 그때 아이들이랑 나랑 찍은 사진들에 표정이 너~무 행복해요. 내
> 표정도 참 편안하고 애들도 사랑을 충분히 받은 표정이고. 시골
> 의 인심. 자연. 그런 것들도 좋았는데, 무엇보다 애들한테도 엄마
> 가 땡!! 퇴근하면 왔으니까. 그때 학교 수업 정말 열심히 했어요.
> 그리고 우리 반 애들 관리만 잘 하면 됐고. 그리고 음. 학교에서
> 그 두 가지 외에 달리 뭐. 크게 쪼는 게 없었어. 그래서 퇴근하
> 면 우리 집 애들한테 사랑을 줄 수 있고. 환경도 좋았고. 근데
> 지금 학교는 왜 이렇게 됐지? 일이 넘쳐나. 혁신학교는 혁신학교
> 대로 바쁘고. 학교들이 다들 새로운 제도를 받아들이고 변화를
> 주려니까 쫓아간다고 바쁜 건가? 난 제 시간에 퇴근을 못해. 학
> 교폭력은 계속 일어나고 선도위원회 가야지... 학교에서 하라는
> 건 많지...

김 교사는 요즘 학교에서 교사에게 요구하는 일의 총량이 과거에
비해 굉장히 증가했다는 것을 지적한다. 이런 현상은 집에 돌봐야
할 아이가 있는 교사맘에게 매우 불리한 환경이라는 것이다. 교사
맘이 학교에서 일을 못 끝냈어도 일단 퇴근시간 이후에는 아이가
기다리는 집으로 출발해야하는 것은 이기적인 일이 아니라 어쩔 수
없는 일이라고 강조했다.

우리 중학교에 애기 엄마들이 헉헉거리는 게 그냥 보여. 빨리빨리 처리 못한 거. 일 남겨놓고 가는 거. 제출일이 이틀 지났는데 잊어버리고 퇴근한 선생님이 있어서, '이 선생님~ 이거 왜 안 해 줬지?'하면서 그 쌤 자리 가서 내가 찾아오려고 가보면, 야~~~ 책상이 난리인거야. 중학교는 수업도 많잖아. 혁신학교 한다~ 뭐 한다~ 뭐 한다~하면서 하라는 것도 너무 많고. 이걸 다 할 수가 없어요. (단호한 목소리로) 그래도 퇴근은 해야지! 집에 애가 기다리고 있으니까! 나는 애들 다 키워서 집에 빨리 안가도 되잖아요. 그래서 내 부서 선생님들 중에 집에 애기 있으면 빨리 가라고 해요. 그리고 다른 선생님들이 애기 때문에 일찍 가는 거 충~분히 이해하고, 그래야한다고 생각하고. 지금 애 엄마가 못해주면, 엄마한테도, 애한테도, 사회적으로도 손해인거야. 지금 열심히 집에서 해줘야 앞으로 서로 서로에게 좋은 거니까. 근데 일 좀 남아서 더 하려고 하면 집에 있는 애가 손해를 보고... 어렵지.

또한, 50대인 김 교사는 요즘 젊은 엄마 교사들과의 대화를 통해 세대 차이를 실감한다. 학교의 30대 엄마 교사들이 '내 시간', '내 자유'라는 개념에 매우 민감하고 육아는 '내 것을 빼앗기는 것'이라고 생각한다는 것이 신기하다.

내가 애 키울 때? 그때 내가 달리 바라는 것이 없었어. 요즘 엄마들이 말하는 내 자유? 뭐 이런 거 바라지 않았던 것 같아. 저녁마다 생각했어. '애들 뛰게 운동시키려는데 재밌게 하려면 어떻게 할까?' 바람개비 만들어서 들고 뛰고 어떤 날은 비눗방울 놀이하고. 그렇게 재밌더라고. 정말 재밌게 살았던 것 같아. 근데 요즘 엄마들은 왜 '내 시간', '내 공간'이 없다고 그러지? 왜 애들이랑 노는 시간을 내 시간을 뺏긴다고 생각하는 거지? 요즘에 부모들이 '네 것이 중요해'라고 키워서 그런가? 근데 이게 사회 문제인 것 같아. 그럼 그런 엄마들의 애들이 또 충~분한 사랑을 못 받는 거지. 요즘 중학생들 엄마들이 와서 상담하면 깜짝 놀랄 때가 있어. 애가 너무 귀찮다는 거야. 그리고 육아휴직~ 옛날에는 없어서 못했는데 이 좋은 혜택을 왜 안 쓰고 나왔냐고 선생님들한테 물어보면 집이 더 힘들다는 거야. 자유가 없으니까. 사실 이런 거 개인적인 기질 차이도 있을 거고, 이 사람들이 받았던 교육과정과 시대적인 세태가 그런가보다 해. 그래서 '요새 엄마들은 그렇구나.'하고 그냥 그렇게 받아들였어.

50대 김 교사의 출산과 육아에 대한 가치관은 30대 이 교사의 가치관과 확연한 차이를 보였다. 김 교사와 이 교사는 교사가 된 동기와 배경도 매우 달랐다. 한 학교에 있는 교사맘들이 이중 역할을 한다는 공통점을 가지고 있지만, 교사됨과 엄마됨에 대한 인식과 가치관은 판이하게 다른 것은 주목할 만하다.

4.2.3 박 교사 이야기 : 동창의 소중한 애들을 돌본다는 책임감으로

박 교사는 두 자녀를 키우다가 교직에 들어왔다. 따라서 처녀였을 때와 아이가 생긴 후의 교사로서의 차이는 자신이 이야기할 수 없는 부분이라고 선을 그었다. 자신은 아이를 낳고 교직에 들어와서인지 처녀 총각 신규 교사들이 '세상에서 우리 반 애들이 제일 예뻐.'라고 하는 그런 느낌은 학생에게 못 느껴봤다고 한다. 그 대신 내 자녀가 나에게 얼마나 소중한지 알기 때문에 학교의 학생들이 '동창들의 소중한 아이들'로 인식되었고, 거기에서 오는 묵직한 책임감이 있었다.

> 애가. 귀중하다? 그런 느낌. 이 아이도 그 엄마한테는 너무 귀중하다. 그니까 어떻게 보면 동창 애들 봐주는 느낌이었어. 동창의 소중한 애. 그래서 내가 실수하지 말고, 제대로 잘 봐야지! 이런 생각이 있었어.

또한, 박 교사는 교사와 엄마 역할을 병행하기 시작하며, 부모자식 관계와 사제관계의 결이 다르다는 것, 각각의 역할을 충실히 해야 한다는 것, 그래서 가정에서는 엄마답게, 학교에서는 교사답게 행동하며, 엄마와 교사 서로가 그 경계를 넘어서지 않도록 주의해야 부모로서, 교사로서 아이들과 가장 건강한 관계를 맺을 수 있다는 생각을 하게 된다.

학생들이 교사에게 원하는 건 깊은 애착관계이긴 한데... 근데 그게 엄마 같은 애착이 아니라, 나랑 되게 친하고 나를 버리지 않는 선생님인거지. 그게 부모 같은 선생님을 원하는 건 아닌 것 같아. 어차피 부모가 되어줄 수도 없고. 애착이 깊은 건 좋지. 근데 교사로서 깊은 어떤 수준이 있을 것 같아. 그게 엄마와의 애착과 같을 수는 없지. 부모관계와 사제관계의 결이 다르잖아. 내 교직관으로는 훌륭한 교사는 교사로서 최선을 다하는 교사이지 부모의 역할을 뺏어서는 안 된다는 거야. 걔를 돌보는 메인 양육자에게 그 부모의 역할을 양보해야 하는 거고, 우리는 그 역할이 잘 되도록, 교육자로서 부모교육이든 학생교육이든 해서 부모자녀 관계가 잘 되도록 돕는 부분을 담당해야 한다고 생각해. 아이에 대한 정확한 진단을 해서 그 부모에게 알려줘야 한다고 생각해. 그런 면에서 교사가 부모 역할을 하겠다고 하는 건 오히려 경계가 없는 걸 수도 있어. 그 경계를 넘어서면, 나는 그 애 부모가 부모 역할을 할 수 없게 교사가 오히려 그 역할을 빼앗는 거라고 생각을 해.

박 교사는 교사의 역할이 '학생과 부모 관계를 돕는 조력자'에 국한되어 엄마의 역할과 교사의 역할이 분명히 차이가 있기 때문에, 학교에서 양육 경험이 있는 교사가 양육 경험이 없는 교사보다 더 좋은 교사라고는 생각하지 않는다고 못을 박았다. 박 교사의 이런 교직관은 학생지도에 있어 생각해 볼 거리를 던져준다. 가정 안에서 부모로부터의 사랑과 지도를 받지 못하는 아이들이 많아지는 이 시대에 교사들은 때로는 학생의 부모의 역할까지 할 것을 요구받는다. 그리고 그런 아이들이 한두 아이가 아닌 상황에서 교사는 쉽게 소진된다. 가정과 학교에서 건강하고 균형 잡힌 관계를 맺는 것은 모든 교사들에게 중요한 일이겠지만 특히 자녀와 학교 아이들 모두를 챙겨야하는 교사맘에게는 이에 대한 자신만의 일관된 교육철학을 가지는 것이 무엇보다 중요함을 생각해보게 된다.

4.3 넘어지고 일어서다 – 교사라는 직업의 특수성을 중심으로

세 교사는 자녀와 학생을 통해 자신의 병든 부분과 마주하게 된다. 이 교사는 자신이 갖고 있던 학벌주의와 평가하는 습관에 대해 알아차리게 되고, 출산과 양육을 인생의 퇴보라고만 생각했던 태도에 대해 새로운 가치관을 형성한다. 김 교사는 자신의 자녀에게 마치 교사가 학생을 대하듯 행동했던 것에 대해 후회하며 그 시행착오를 바탕으로 학교에서 새롭게 갖게 된 교직관을 펼친다. 박 교사는 자신이 편협하고 엄격한 기준으로 자녀를 판단해왔음을 교사가 된 후 비로소 깨닫고 교사로서의 경험이 더해갈수록 자녀를 있는 그대로 사랑할 수 있게 된다. 세 교사의 넘어지고 일어서는 지점은 각각 달랐다. 그러나 엄마로서의 삶과 교사로서의 삶이 서로 역동적으로 영향을 주고받아왔고 지금도 변화는 여전히 현재진행형이라는 공통점을 찾을 수 있었다.

4.3.1 이 교사 이야기

4.3.1.1 넘어짐, 그리고 아픈 자각 - 학벌주의와 평가에 묶인 교사

이 교사는 아이가 세살 때 쯤 발달 수준이 다른 아이보다 늦고 ADHD 증상도 있다는 것을 알게 된다. 이 때 이 교사를 가장 괴롭힌 것은 그 동안 아이를 온전히 사랑해주지 못하고 자신이 우울감에 빠져있었다는 죄책감이었다. 한편, 이 교사는 학교에서 많은 아이들을 보아온 교사였기 때문에, 장애가 있는 자신의 아이를 볼 때 더욱더 큰 좌절과 고통을 느낀다.

(눈물을 흘리며) 내가 선생님이기 때문에 너무 괴로웠어. 왜냐면 학교에서 이런 거 있잖아. 교사들끼리 뭐든지 좀 늦는 애를 보고 그냥 별 생각 없이 '쟤는 좀 특수아 아니야?', '쟤는 좀 경계인 것 같아.' 이렇게 웃으면서 얘기하잖아~ 그게 내 애가 된다고 생각하니까... 그리고 학교에서 보면 좀 착하고 모자란 애들이 다른 애들한테 놀림 받고 빵 셔틀 당하고...

이 교사는 동료 교사들과 아무생각 없이 나눈 대화들이 얼마나 폭력적이었는지 자각한다. 또한 학교에서 종종 일어나는 약한 아이들에 대한 폭력들을 자기 아이의 일로 받아들이기 시작한다. 그 후, 아이가 생일 선물로 받아온 5살짜리들이 그린 그림을 보며 자신이 어떤 교사인지 불현 듯 명확히 깨닫게 된다.

〈유치원 아이들이 준 그림 선물
- 이름 삭제〉

우리 애가 5살 때였어. 유치원에서 생일 선물로 친구들이 그린 그림을 코팅해서 주는데. 그 그림을 보고 있는 내가 이렇게 생각하고 있는 거야. "어~ 얘는 그림 잘 그리네.", "얘는 좀 별룬 것 같아.", "어! 얘는 되게 못 그린다. 하하하!" 내가 글쎄 평가를 하고 있는 거야! 너무 자각이 되는 거야! 겨우 다섯 살짜리 애들인데. 그거에 대해서 내가 순위를 매기고 있는 나를 보면서, '내가 뭐 하는 거지 지금? 등수를 매기고 있네?!' 이게 되게 놀랍도록 깨달아 지면서... 원래 사람이 비교를 하면서 누군가에게 있어서 우월감을 얻고 싶은 게 본성인데. 죄의 본성인데, 그 본성에다가. 이게 내가 20년 동안 대한민국에서 학창 시절을 지나면서 비교하고 등수를 매기는 그 사고 구조가 내 뼛속까지 들어왔고, 특히 다른 직업보다도 교사라는 직업은 애들한테 등급을 '주는' 사람이잖아. 그러니까 더 강화되는구나! 라는 생각을 했지. 어쨌든 그날 엄청나게 회개를 했던 것 같아.

이 교사는 아이를 키우기 전에도 학교의 입시교육이나 성적위주 교육에 문제의식을 갖고는 있었다. 그런데 내 아이를 키우고 보니 그때까지 자신이 그것을 머리로만 알고 있었다는 것을 깨닫는다. 학교교육의 어두운 면과 부조리함에 대한 깨달음이 머리에서 가슴으로 내려온 것이다. 공부 잘한다는 이유로 늘 경쟁에서 승자로 평가받았던 자신과 남편의 삶을 돌아본다. 그리고 그때까지 가슴으로는 전혀 깨닫지 못했던 것들을 아이를 통해 아프게 깨닫는다.

나랑 남편은 학업에 있어서 실패가 없는 삶을 살아 온 거야. 그렇기 때문에 그 외의 인생에 있어서 몰라. 생각해 본적도 없고. 우리나라에는 공부를 잘하면 되게 1등으로 쳐주잖아. 그런 대우를 받으면서 은연중에 커진 교만함이 있는 거지. 나도 모르게 공부를 못하는 사람은 은근히 무시를 하는 거야. 뭐 정신을 차려야 된다는 둥. 뭔가 공부를 잘하지 못한 사람은 그 사람자체가 질적으로 낮고 결국 질적으로 낮은 삶을 살게 된다~라는 인식이 은연중에 있는 거야. 그니까 내 애의 경계선지능 장애를 받아들이기가 더 힘들었어. 정말로 새벽에 눈을 뜨면 가슴이 눌려있는 기분이었어. 얘가. 얘가 살아갈 앞날이 너무... 내가 보기에 너무 암울한 거지. 내가 정말 스트레스를 받았던 건~ 얘는 돈을 주고 삼각형 그리는 걸 배워야 돼. 치료실에서 돈을 주고 배우는 게 삼각형을 그리고 대각선을 그리는 거였어. 그게 난 너무 스트레스였거든. 이걸. 얘가. 왜. 돈을 주고 배우고 있지? 진짜... 인수분해를 못하면 뭔가 방법을 찾아 가르칠 수 있을 것 같은데...그런 차원이 아닌 거지.

이 교사가 갖고 있는 학벌의식은 최근 교직에 들어온 교사들이 가지고 있는 특징 중의 하나이다.[5] 1998년 IMF 이후 교직이 각광을 받으면서 그 시기 이전과 이후의 교대생이나 사범대생의 인구통계학적 구성이 완전히 바뀌었고, '학벌의식의 내면화'는 IMF 이후

---

5) 정용주, 「신규교사는 어떻게 능숙한 경력 교사가 되는가」, 『불온한 교사 양성과정』, 교육공동체벗(2012)

극심한 경쟁을 통해 임용고사로 선발된 교사들에게 공통적으로 보이는 특징 중 하나라는 것이다. 학벌과 사회적 지위는 개인의 능력으로 내가 성취한 것이며, 결국 좋은 대학을 나왔거나 시험을 통과한 사람이 높은 지위를 갖는 것이 정당하다고 생각하는 것인데, 이는 학생을 보는 시선에도 지대한 영향을 미치게 되어있다. 다양한 계층의 학생들이 처해있는 사회구조적인 불평등을 보지 못하고 빈곤이나 낮은 학업성취도를 개인이 게으르거나 부족해서 못한 것이라고 생각하는 것이다. 이 교사는 교사들 사이에 팽배한 학벌주의와 그것에 희생양이 될 수 있는 학생들의 입장을 생각해본다.

대부분의 교사가 자기가 모범생이었기 때문에 그럴 수도 있어. 교사라는 집단 자체가 솔직히 배울 만치 배우고 모범생인 사람들이었잖아? 대부분 학교에서 인정받았던 사람들. 학교의 룰에 있어 칭찬받았던 사람들이기 때문에. 교사들의 치명적인 단점이지! 성공적인 삶을 살았던 케이스이기 때문에. 어찌 보면 그런 교사 밑에서 모범생이 아닌 대다수의 애들이 상대적인 차별을 겪고 있는 건지도 몰라.

또한, 이 교사는 가정에서도 선생님의 시각을 버리지 못하는 자신의 한계를 토로했다. 학교에서 집단을 다루다보니 예의와 질서의식에 대한 민감도가 높고, 아이의 특수성과 개별성을 먼저 보기보다는 전체에서의 내 아이가 어떤지 객관적 잣대를 계속 생각하게 된다는 것이다.

선생님이기 때문에 애의 문제에 있어서 뭔가 너무 객관적 이려고 해... 그니까 엄마는 일단 처음에는 애 편이 돼줘야 하잖아~ 근데 당연히 모르고 실수투성이인 나이인데 도덕적으로 옳은 걸 강요하는 게 있는 것 같고, 남한테 얘가 피해를 주면 안 된다는 인식이 다른 엄마들도 물론 있겠지만~ 그게 너무 커. 그니까~ 학교에서 늘 애들한테 지도하는 게 그런 거잖아~ 조용히 해야 되고. 우리 교사가 학교에서 애들을 집단으로 다룰 때는 통제는 당~연히 필요한 거야! 근데! 집에서는 그렇게 하는 게 틀려!(단호하게) 내 아이한테 엄마로서는 그렇게 집단처럼 통제하면 안 돼. 근데 나는 집단으로 애들을 다뤘던 교사이기 때문에 애한테 그걸 자꾸 강요를 하게 돼. 얘는 특히 경계선 지능을 가져서 산만한 게 태생적인 특성이래. 근데 산만한 게 자꾸 거슬려서 애한테 스트레스를 줘. 강요해... 내가 뭔가를 사고하기 전에 내가 교사인 게 체질화 되서 이렇게 행동하는 거잖아~ 근데 엄마로는 이 색을 의도적으로 빼야 되는 거잖아. 그게 너무 어려운 것 같아.

4.3.1.2 다시 일어설 힘을 얻다

이 교사는 밀려드는 죄책감과 두 가지 역할에서의 한계를 '신 앞에 연약한 인간으로서의 자신'을 온전히 받아들임으로써 극복해낸다. 부족함과 연약함을 인정하고 나서야 앞으로 나아갈 힘을 얻게 된 것이다.

사실 이걸 극복한건 100퍼센트 신앙의 힘인데~이런 걸 여기서 다 얘기해도 되나? 어쨌든. 죄책감 문제는 내가 그럴 수밖에 없는 인간이라는 것을 인정하면서부터 극복이 됐던 것 같아. (울먹이며) 우리의 어떤 생각이나 행동이나 어떤 것들이 때로는 자녀에게 치명적인 아픔을 줄 수 있다. 우리는 그런 연약함을 품고 살아가는 존재이다. 내가 그렇게 연약한 사람이다. 죄책감을 품고 내가 얘를 대하는 게 얘를 더 망치는 거다. 만약에 얘가 커서 "엄마가 나한테 왜 그랬어?"라고 물어보면 난 얘한테 정말 용서를 구할 거야. (눈물을 흘리며) 내가 내 잘못이라고 생각한다면 나의 온 삶을 불살라서 얘가 잘 살 수 있도록 도와주는 게 나의 회개라는 생각이 들었어. 그렇게 내가 방향을 잡고 살고자 하고 기도했을 때, 합력하여 선을 이루시는 하나님이시다! 그게 나를... 이 문제에서 벗어나게 해 준거야. 이 문제에 하나님이 개입하시면~ 이 모든 나의 부족하고, 연약하고, 그리고 무지함에서 보냈던 세월들이지만, 시간은 걸리겠지만, 고난도 많겠지만, 더 힘든 점도 있겠지만, 궁극적으로 반드시 하나님이 선을 이룰 꺼다! 라는 확신이 들었어. 내가 최선을 다해서 살아야겠다는 생각이 들었고.

이 교사는 그쯤 들은 한 설교를 통해 '가족이란 무엇인지'에 대한 생각도 확고히 정리하게 된다. 이를 통해 처음으로 장애아를 둔 엄마로서의 중압감에서 벗어나 자유함을 맛본다.

그 비슷한 시기에 설교 말씀이 되게 큰 자유를 느끼게 해 줬는데, 제목이 '가족이란 무엇인가?'였어. 예수님이 설교를 하고 계실 때, 제자들이 밖에 어머니와 동생들이 와있다고 하는데 예수님이 냉정하게 진짜 가족들을 모른척하면서 "나의 말을 듣고, 아버지의 말을 듣고 순종하는 사람이 내 어머니요. 내 형제다." 이렇게 말씀을 하시잖아. (눈물을 글썽임) 그 발언이 너무 예수님답지 않은 걸 보면 분명 어떤 의도가 있는 발언이라고 하시면서. 우리가 가족이라고 할 때 사실 내 욕심을 가지고 자식을 통해서 내 욕심을 채우려고 한다는 거지. 그런데 '가족이란 내 욕심대로 끌어안고 내 체면 세우려고 하는 게 아니라, 십자가의 길을 갈 수 있도록 풀어주고 지지해 주는 게 가족이다.'라는 말씀을 하셨을 때, 정말 십자가의 길이 불안하고 부담스럽지만... 자유함이 있었던 것 같아. 솔직히~ 내 자식이.. 정~말 십자가를 져야한다면 그거를 오케이! 할 부모는 아무도 없어! (단호하게) 너무 끔찍한 거잖아. 십자가의 길은 고난의 길인 거잖아... 명백하게... 명명백백하게 고난의 길이고 짐을 지는 일이고, 나 자신을 희생하는 일인 거잖아. 그 길을 갈 수 있도록 도와주는 게 부모의 역할이라는 생각이 들었을 때, 더 이상! 세상의 어떤 성공, 얘가 어떻게 해서 이걸 못하면 어떡하지? 얘가 못 살면 어떡하지? 이런 게 나의 고민이 아니구나. 이 문제에 대해서 되게 자유로워졌던 것 같아. 물론~ 얘 발달에 맞춰서 계속 지원을 해줘야 되고, 필요를 채워줘야 하지만~ 궁극적으로 얘가 하나님을 만나서 얘 자신의 길을 갈 수 있도록 해 주는 게 나의 역할이구나. 그리고 그렇다면!! 발달이 늦고 적음은 그건 하나님 안에서 아무 문제가 아니다! 라는 생각이 들었던 것 같아. 그래서 그 이후로, 되게 힘을 내서 얘를. 볼 수 있었던 것 같아.

이 교사는 아이의 인생과 자신의 인생을 하나님 앞에서 별개의 인생으로 각각 분리하며, 아이의 인생에 집중하기보다 아이를 통해 하나님이 자신에게 무엇을 가르치려 하는지에 집중한다.

얘의 인생은 얘의 몫이야. 뭐. 나의 잘못이 있든 없든 궁극적으로 얘의 몫이고. 하나님이 얘와 함께 하시면 얘와 하나님과 관계의 문제인 거고~ 나한테는... 얘를 통해서 나의 죄 문제를 발견하는 그런 느낌이 들어. 그걸 보면서 나는! 하나님이 나에게 원하시는 건 나의 죄 문제를 돌아보기라는 것 같아! 너의 모습. 너의 닦여져야 할 인격. 네가 잘못 생각했던 것들을. 내가 변화되어야 하는 것들이 나의 초점이 되어야겠구나! 란 생각이 들었어.

엄마로서의 건강한 정체성을 세워가며 이 교사는 학교 현장에서도 작은 변화를 도모한다. 학생들에게 공개적으로 잘못을 고백하고 사과한 것이다.

내가 다섯 살짜리 아이들이 그린 그림을 보면서 점수를 매기는 걸 인식한 게 1월이었고, 그 해 2월에 종업식을 하면서 반 애들한테 사과를 했어. '내가 유치원 애들의 그림을 평가를 하고 있는 걸 발견했다. 그걸 보면 내가 은연중에 1년 동안 너희를 그런 시각으로 평가했을 수 있었을 것 같다. 정말 미안하다.'라고...
이 이야기를 했을 때, 애들이 굉장히 진지하게 들었고 몇몇 애들이 정말 감동을 받았던 것 같았어. 이 이야기는 꼭하고 마쳐야겠다는 생각이 들었어.

과거의 잘못을 인정하고 직면함으로 이 교사는 엄마로서, 그리고 교사로서 앞으로 나갈 힘을 얻는다.

4.3.2 김 교사 이야기

김 교사는 엄마가 되고나서 학생들이 '누구집의 귀한 애들'이라는 것이 뼛속에서 느껴지면서 체벌에 완전히 반대하는 교사가 되었다. 또한, 자녀가 중고등학생일 때는 학업계획서, 방학계획서 등을 자녀와 학생 양쪽에 챙겨주면서 뿌듯함과 즐거움을 느꼈다. 자녀의 청소년기를 겪고 나서는 청소년들을 더욱 깊이 이해하게 되었고 학부모들을 선배엄마로서 적극적으로 도와줄 수 있게 되었다. 그러나 엄마가 되고나서 교사로서는 이렇게 많은 장점을 갖게 되었지만, 자녀에게 자신이 어떤 엄마였는지 이야기할 때는 많은 후회를 내비쳤다.

4.3.2.1 아픈 자각 - 내가 교사라 자녀들이 행복했을까?

김 교사는 이제는 대학생이 된 두 아이들의 엄마로서의 삶을 돌아보며 자신이 집에서 엄마로서 따뜻하게 자녀를 포용해주지 못했음을 깨닫는다. 김 교사의 의도는 순수했고 간절했다. 학교에서 수많은 아이들을 보며 내 자녀가 다른 애들보다 뛰어나지는 않아도 되지만 남에게 욕먹고 살지 않도록 키워야겠다고 생각한 것이다. 김 교사의 교육철학은 '실내화' 사건을 통해 극명하게 드러난다.

이 얘기를 하려면. 눈물이 나려고 해. 학교에서 내가 선생님이라는 직업을 가져서일 수도 있고 내 성격일 수도 있는데, 음... 남한테 욕은 안 먹고 살았으면 하는 거. 내가 살아온 삶도 그랬고. 그러다보니까 애들이 하는 행동 중에 학교에서 욕먹을 것 같은 행동이 보이면! 사소하지만 그거를 가만히 놔두지를 못하는 그런 게 있더라고. 그 당시에는 선생님의 시각으로 아들을 보면서 하지 말았으면 하는 것들 지도하고... 슬리퍼 신고 하교하는 거. 그거 지금 생각해보면 뭐 엄청 나쁜 애들이 하는 짓이 아니라 '보통 애들'이 하는 일이잖아. 근데 내가 방학을 먼저 해서 3일 동안 애가 하교하는 걸 집에서 맞이했는데 그 3일 동안 본 모습이 갑자기 거슬리면서 '아! 우리 애가 너~무 모범적이지 못하네?'라는 생각이 들어서 '너 선생님이 하지 말라는 거 왜 해!'라고 하면서 막 야단을 쳤어. 애는 엄마가 하교하는 자기를 편하게 맞아주는 게 아니라 집에 또 다른 선생님이 지키고 있는 것 같은 느낌이 들었겠지. 지금 생각 같아선, '아... 그냥 아무 얘기도 하지 말걸.'하는데... 지금은 우리 아들들한테 관대하게 해줄걸 그랬다는 후회가 많아. 그래서 선생님으로서의 엄마는 별론 것 같아요!
(미소 지으며)

김 교사는 학교에서는 너그럽게 넘어갔던 학생들의 행동도, 자녀들이 집에서 하면 유난히 더 화가 났다고 한다.

내 애가 아주 내 맘에 쏙 들면 덜 할지는 모르겠지만 애들이 뭐 거의가 그렇지 않잖아. 그러니까 학교에서 내가 이런 거 가지고 잔소리 했는데! 집에 오니까 또 그래. 그니까 싫지! 사실 더 싫지!! 내 애니깐!! 내가 남의 애도 이런 건 안했으면 좋겠는데~ 우리 애까지 이런 걸 하니까 화가 나지! 그래서 짜증나고 막.. 학교에서는 그냥 애들한테 "아니다~ 그렇게 하면 안 된다." 이렇게 말해놓고 집에 와서 우리 애가 그런 꼴을 보면, 더 안 좋은 억양으로. "너 왜 그렇게 하냐?!!!!" 막 이런 식으로... 싫거든. 학교에서 지적하고 집에서 또 하는 거 싫었어.

또한, 김 교사는 자신이 학창시절부터 인정받으면서 살아서 완벽함과 인정에 대한 욕구가 강한 것이 오히려 자녀를 기를 때는 독이 되었다고 한다.

내가 지금까지 시험문제를 내면 오류 없이 내려고 엄청 집중을 했고 오류 나오면 자존심 상하는 일이라고 생각했고, 그래서 시험 잘 끝나면 '그래~ 역시 나는! 나는 이런 거 대충하지 않아~'

라고 자랑스러워했는데, 근데... 너무 완벽하려고 하고 학교에서 인정받는 엄마 교사는 좋은 엄마가 될 수 없어. 그런 엄마는 내 아이도 그런 아이이길 바라기 쉬워. 내가 학교에서 이렇게 하고 인정받아. 그럼 또 우리 아이도 밖이나 학교에서 '너도 인정받아~ 너도!' 이렇게 하라고 하는 거지. 근데 애 하는 게 또 성에 안찰 수가 있지. 이렇게 완벽주의자가 교사가 많지. 일은 완벽하게 하고나서 그렇지 못한 사람 무시하거나, 자기 잘났다고 생각하거나, 완벽하지 못한 애한테 짜증내고, 이건 죄인 것 같아. 그런데 실제로 학교에서 보면 학교에서 좀 안 완벽한 교사. 좋은 엄마더라구. 실제로 그래. 학교에서 그 사람만 뭘 안내서 뭐가 진행이 안 되고, 하하하. 학교 일이 완벽하지가 않아서 여러 사람에 민폐 끼칠 수 있는.. 그런 사람이 엄마로서는 자식한테도 너그러울 수 있지. 자기도 부족하니까 다른 사람들한테 관대하고 겸손하고 자기애한테 온유하고... 그럴 수 있어.

4.3.2.2 교과서 같은 엄마는 그만. 다른 엄마들은 어떻지?

김 교사는 큰 아이가 고등학교 시절 자기소개서에 자신을 '교과서'로 평가했던 것을 떠올리며 눈물을 흘렸다.

큰 애한테 자기 소개서 쓰라고 했더니 (희미하게 웃으며) '우리 어머니는 교과서입니다.' 이렇게 썼어. 근데 그게 그 당시에는 그렇게 큰 충격이 아니었는데, 키우고 나니까 후회가 돼. 너무 슬

퍼. 엄마가 아니라 교과서 같은 사람이래. 초등학교 때부터 고등학교 때까지 엄마로서 품어주기 보다 선생님의 시각으로 아이한테 한 것 같아서 애들이 나를 이렇게 생각하는 것 같아. '엄마가 나름대로 열심히 살아온 건 알아요. 감사해요. 그런데 마음 편하게 엄마한테 모든 얘기를 하지를 못해요.'라고...

김 교사는 자신의 양육태도가 다른 엄마들과 얼마나 다른지 '엄마가 뭐 길래'라는 프로그램을 통해 객관적으로 보게 되었다. 특히, 자신처럼 두 아들을 키우는 강주은 씨의 양육태도를 보며 놀란다. 특히 강주은 모자의 치과 에피소드를 보며 '네가 어때도'라고 자녀에게 반응하는 엄마의 모습에 '포용해주는 사랑은 이런 것인가?'라는 자각과 함께 지금도 그러지 못하는 자신의 한계를 동시에 느낀다.

강주은은 아들들의 모든 걸 신기해하더라고. 예를 들어, 작은 아들이 뭐 하다가 이가 부러졌어. 그리고 치과를 갔는데 선생님이 이건 미관상 치아성형을 해야 된다고 하니까 자기 안 해도 된다고 하는 거지. 얘도 좀 특이한 애야. 앞니 부러진 게 좋다는 거야. 하하하. 친구들과 대화 거리도 되고 바람도 통하고 너~무 좋대. 그래서 몇 달 동안 지금 앞니가 뻥! 뚤린 채로 지금 영구처럼 살아!!! 웃기지 않아?? 근데!! 엄마가 그걸 인정해줘요. "안돼! 해!" 이게 아니라, "좋아? 그럼 그렇게 살아봐~" 이렇게. 아이의 세상을 인정해주는... 그래서 이 엄마가 아들들하고 너~무

친해요. 이걸 볼 때마다 눈물도 많이 흘려. 너무 아름답다는 생각도 들고. 다 큰 아들이 캐나다에서 공부하다 한국 들어오면 정말 엄마를 안고 뒹굴고. "보고 싶어찌?" 막 이러면서 엄마도 눈에서 하트가 뿅뿅 나오고 너~무 가까워. 강주은은 정말 '네가 어때도 나는 너를 사랑해' 이런 걸 보여 주는 거지. 근데! 선생님인 엄마는 '네가 어때도~'가 잘 안 돼. 뭐 선생님이면서도 그걸 할 수 있는 사람이 있을 거야. 근데 나는 잘 못했어. '네가 어때도 사랑스러워.'를 못하고 '이런 건 하지 마. 네가 이렇게 했으면 좋겠어.' 이런 게 너~무 많았어. 애들 커가는 게 신기하고 즐거운 건데~ 근데... 그걸 즐기지를 못하는 거지. 학교 선생님들은 맨날 학교에서 공부시키고 성적보고 줄 세우고, 학교에서 기준! 규율! 잘 지키나!! 뭐 이런 거 가지고 맨날 얘기하니까 자기애한테도 그걸 얘기 하는 거야. 학교만 보지 말고 넓은 세상을 경험하는 엄마가 애한테 더 관대할 수 있을 것 같아.

4.3.2.3 학교를 건강하게 운영해보자

김 교사는 현재 한 중학교에서 학생부장을 맡고 있다. 자녀를 길러본 시행착오를 바탕으로 학생부가 학생을 통제하고 획일화를 추구하는 역할에서 탈피해야한다는 교육철학을 갖고 규정을 바꾸기 시작한다. 그 중 하나로, 춘추복, 하복 등 교복 입는 기간이 정해져 있던 것을 폐지하고 교문일제단속을 없앴다. 대신 사제 간, 학생 간 소통할 수 있는 다양한 프로그램을 모색했다.

교복 입는 기간을 정하는 걸 없앴어요. 교복이면 된다! 더우면 3월에도 하복입어도 뭐라고 안 해. 5월에 아직도 추우면 동복입어도 뭐라고 안 해. 그게 별것도 아닌데 그런 거 잡아내다가 갈등 일어나는 거잖아. 또, 우리학교는 교문단속 안하고 일제단속 이런 거 안 해. 화장하고 다니고 치마 짧게 입는 애들 있지. 근데 그렇다고 화장을 전교생이 하는 것도 아니고 할 놈은 하고 말 놈은 말잖아? 치마 짧은 애들은 지나가면서 보면 "너무 짧은 거 아니야~" 이렇게 지적하긴 하지만 일제단속 같은 건 안 해. 교감쌤은 '이거 못하게 해라~ 이거 못하게 해라~' 그러지만 내가 말을 안 들어. 내가 승진할 사람이 아니라 고분고분하지가 않아. 그 대신 교우관계를 위한 프로그램이나 사제관계를 위한 프로그램을 새롭게 시도해보고 있어.

김 교사는 자녀를 키우며 얻은 경험을 바탕으로 야단치고 통제하는 것이 교육이 아님을 확신하며, 지금부터라도 부지런히 배워서 지혜로운 교육을 하며 교직을 마칠 결심을 한다.

내가 아들들한테 너무 엄격하게 했던 게 후회도 되고, 또 세상이 이렇게 바뀌는데 어른들이 자기 시각을 가지고 아이들에게 중요하지 않은 걸 강요하면서 갈등을 만드는 게 너무 어리석은 것 같아서. 학교가 전부야? 학교 안 보내는 사람도 많아지는데 학교가 뭐 인생의 다야? 구닥다리 옛날 시대 구조를 가지고 옛날 사고 가지고 있는 사람들이 애들이 뭘 못한다고나 하고, 평가하고,

줄 세우고 있어. 하나하나 색깔이 다른 애들인데... 나는 교감, 교장도 아니고, 장학사도 아니고, 교수도 아니지만 내가 이제 교사로서 끝이 나겠지만, 돌아보면서 남은 시간동안도 후회를 최소한으로 줄이려고. 내가 우리 학교에 싸움닭 같은 선생님을 보면서, 젊었을 때 내가 혹시 저러지 않았나. 혹시 내가 애들을 저렇게 야단치지 않았을까... 생각해. 그랬겠지. 애들한테 상처 될 말을 했던 적도 있고, 막 야단을 치는 게 교육인줄 알고 했던 게 있겠지. 근데 앞으로는 비폭력 대화나 회복적 생활교육이나 이런 것을 이제 알고 배우니까 앞으로 더 배워서 그런 실수를 최소화하면서 마치는 선생님이 되는 거. 그게 내 목표야.

4.3.3 박 교사 이야기

4.3.3.1 교사가 된 게 너무 다행이야

박 교사는 엄마로서의 삶에서 염증을 느끼며 교사라는 직업을 선택한다. 처음에는 순전히 자신의 자아실현을 위해 선택한 길이었지만 그동안 전혀 생각하지 못했던 것을 보게 된다. 학교에서 많은 아이들을 접하며 엄마로서 자녀를 보는 시각이 완전히 바뀐 것이다. 특히 첫째 아들에 대한 시각이 가장 많이 변했는데 아들이 문제를 가지고 있는 것이 아니라 아들을 보는 자신의 시각이 문제였다는 것을 깨닫는다.

나는 교사를 한 게 너~무 다행인 것 같아. 만약에 드라마 작가나 정당 같은 다른 직업으로 갔으면, 우리 애들에 대해서 그냥 무능한 애들로 낙인찍고 못살게 굴고 계속 미흡하다고 족치고 굉장히 경멸하거나, 뭔가 걔네 수준에 대해서 객관적 잣대를 못가지고 있었을 것 같아. 우리 큰 애가 하는 짓이 열 받아서 직장에 나갔다고 했잖아. 걔를 너무 병신취급하고 아주 달달 볶을 것 같아서. 근데 학교를 갔더니 그냥 그런 애가 너~무 많고 걔네가 다 사랑스럽더라고요. 그래서 깨달았지. 그 나이대마다 아이들이 보이는 흔한 특징들이 있고, 정말 뛰어난 아이는 몇 명 없구나. 그래서 큰 애가 지금도 무능한데 (활짝 웃으며) 전문대 갈 성적이고 공부 안 하고 자기 인생에 고민을 하는 듯 하지만 실제로는 놀기 좋아하고. 뭐 이런 모습인데. 그런 애는 정말 뭐 우리 반에 깔렸기 때문에. 그걸 갖고 얘를 심각하게 비난할 그런 생각이 안 들어. 대신 그냥 너그럽게 '쟤도 쟤 살 궁리가 있겠지.' 싶어. 그냥 대한민국의 일반적인 청소년인거야. 내가 뭐 그렇게 한심하게 생각할게 없다. 내가 얘를 한심하다고 생각하면 그럼 내가 우리나라 인간을 다 한심하게 생각하는 거고. 그건 인본주의 사상에 어긋난다고 생각했지. 하하하. 그리고 걔를 그냥 받아들이게 된 거지. 만약에 내가 전업주부를 계속 했으면, 큰애는 잡아먹어서 정신병 걸리게 했을 거 같아.

박 교사는 학교에서 다양한 아이들을 보며 큰 아들이 특별히 모자란 아이가 아니라 대한민국의 평범한 아이임을 받아들이게 된다.

둘째 아이에 대해서도 더욱 더 객관적인 시각을 갖으며 아들의 소질과 노력을 인정해주게 된다.

둘째는 나름 우수한데 그 우수한 정도가 사실은 내 동창들만큼은 아니야. 나나 우리 신랑 만큼에는 미치지 못하는 성적인데, 학교에서 애들을 보기 때문에 사실 둘째가 그 성적 나오기도 힘들다는 거 알아. 우리 반 애들과 비교해보면 얘는 뛰어난 축에 속하긴 한다. 뭐 이런 생각? 흡족하진 않지만, 성에는 안차지만, 그래도 애한테 '수고 했어.'라고 말할 수 있는 여유가 생긴 것 같아.

특히 자녀들이 고등학생이 된 지금은 자녀를 독립된 인격체로 인정하며 그들의 삶을 존중해줄 수 있는 여유가 생겼다.

나... 자식에 대한 믿음이 생겼어. 큰 애도 걔의 매력과 걔의 스타일이 있어서 그냥 자기 원하는 대로 잘 살게 뻔하고, 둘째도 그냥 잘 살게 뻔해서. 그냥 친구랑 잘 지내고 본인이 하고 싶은 거 추구하고, 거절할 줄 알고, 뭐 기본적으로 인간이기 때문에. 이제 존중할 것만 남은 것 같아요. 학교에서 동료 선생님이 나랑 좀 달라도 내가 그 쌤이 자기 삶 자기가 알아서 잘 살 거라고 믿는 것처럼, 약간 그런 상태의 안심이 생기면서 애들이 잘 컸구나. 그냥 얘네들한테 그 때 그 때 필요할 때 내 생각 말해주고, 필요하다는 거 서포트 해 주고 이거면 되는구나. 이제는 내 인생

집중하면 된다 싶어.

박 교사는 전업주부였을 때보다 교사가 된 후 오히려 자녀를 보는 시각이 건강해지고 관계가 개선되었다며, 교사라는 직업이 엄마로서의 역할에 큰 도움이 되었다고 인정한다.

4.4 워킹맘으로서의 한계와 극복과정

앞 장에서는 교사맘으로서의 삶을 집중적으로 살펴보았다. 이번 장에서는 교사가 아니라도 워킹맘들이라면 누구나 공통적으로 겪기 마련인 한계와 그 극복경험에 대해 살펴보고자 한다.

4.4.1 이 교사 이야기 : 경력단절, 우선순위의 변화

이 교사는 최근 5년 동안 출산휴가, 육아휴직, 복직, 또 한 번의 육아휴직과 복직을 하며, 교사로서의 성장에 우선순위를 둘 수 없는 상황을 토로했다.

> 육아휴직을 하고 복직한 다음에는 나도 학교에서 수학교사로서
> 뭔가 전문적으로 해보려다가도 곧 좌절되는 느낌이야. 왜냐면 바
> 로 아이 치료 때문에 또 휴직을 하게 됐으니까. 사실 애가 되게

급해. 애한테 내가 필요한데 지금은 이게 우선순위가 될 수밖에 없거든. 나도 고등학교에 계속 있었으면 고2 이과도 해보고 고3도 해보고 그랬을 텐데~ 그건 수학교사로서 나의 경력이잖아! 젊은 날에 쌓을 수 있는 경력. 이거를 다 놓치는 게 맞아. 다 놓치게 되는 게 맞는데! 그 부분에 있어서~ 그게 퇴보냐? 경력 단절이냐? 그건 맞아..(웃으며)

이 교사는 직업상으로는 경력이 단절되는 것이 분명한 이 시기를 건강하게 보내려면 자신과 주위의 인식의 변화가 절실함을 역설한다.

근데! 육아를 하다보니까 내가 진~짜 쭉 교사만 했으면 절~~대 몰랐을 걸 알게 됐지. 누군가 처음에 내가 아이를 가졌을 때 나에게 '육아는 그런 게 아니야. 가치 있는 거야! 네가 그렇게 퇴보되고 니 인생이 망가지고 그렇기만 한 게 아니라~ 세상 어디에서도 발견할 수 없는 가치가 거기 안에 있어. 물론 더럽게 힘들겠지만. 하하하! 거기 안에서 네가 정신만 차리면! 어디에서도 얻을 수 없는 다른 그런 게 있다.' 이런 거를 말해줬다면 좋았을 거 같아. 나는 늦게 알았는데 다른 교사들은 미리 알았으면 좋겠어.

4.4.2 김 교사 이야기 : 시간과 체력의 한계, 승진 포기

교사맘들은 퇴근 후에도 엄마로서 해야만 할 일들이 있기 때문에 한정된 시간과 에너지를 잘 분배해 제한된 곳에 쓸 수밖에 없다. 그러나 그렇게 해도 늘 바쁘고 쫓기는 느낌이다.

집에 가면 학교에서 에너지를 다 써서 너무 피곤한 거야. 학교에서 에너지를 좀 남겨서 가면 내가 집에 가서 더 잘할 텐데... 이 얘기를 주변에 다른 쌤들한테 했더니 어떤 쌤이 '바보 아니야?' 이랬거든 나한테. 바보라고. '현명한 사람들은 자기 자식들한테 집에 가서 쓸 에너지를 남겨놓고 가지... 왜 학교에서 그렇게 하냐.' 그런 사람도 있더라고. 근데 그게. 성격인 것 같아. 내 몸은 피곤해도 후회나 자책이 없었거든. 마음은 덜 힘들었지.

김 교사는 시간과 체력의 한계에 부딪히면 정신적 여유마저 고갈되었다고 한다. 집에서 마음의 여유가 없어지고 자녀들에게 짜증나는 말투로 말해 왔는데, 최근 한 연수 프로그램을 통해 자신의 대화법이 잘못되었다는 것을 깨닫는다.

체력이 달리는 선생님이 엄마가 됐다! 그러면? 하하하! 그거는 진짜~ 그거는 진짜 힘들어. 엄마가 되면 초능력이 쪼금 나오긴 하지만... 하면서도 짜증이 나는 거지. 아들한테 상냥하게 여유 있게 할 수 없고, '아우~~ 고만 좀 해!' 이렇게 되는 거지. 내가 아들들한테 "이 말은 꼭 좀 들어줘." 라고 말을 했지만 너~~~무 피곤하고 말하는 훈련이 안됐어. 처음에는 힘들어서 그랬는데 이게 짜증도 버릇이 되는 거야. 주중에 저녁에는 정말 피곤해서 그랬는데 이 말투가 주말에도 이어지는 거지. 여유가 없어가지고. 이 소용도 없는 말 내용! 연수에서 들었는데 말 내용은 3%밖에 영향을 못 미친대. 근데 말투, 억양, 표정이 97%래. 근데 내가 이거 97%를 부정적으로 하면서 고작 3%짜리 내용 전하겠다고... 이걸... 그랬던 거지. 여러 말 안 해도 그냥 "응~~그랬어~?" 자상한 말투로 대해주고~ 그냥 좋은 목소리로 웃어주기만 해도 효과가 97% 날 텐데. 그게 딱 느껴지더라고. 이게 난 너~~~무 충격이었고. 또 한 번 애들한테 미안했어. 내가 잘한 게 하나도 없거든. 말투나 표정 이런 거.

체력과 시간의 한계는 특히 자녀들이 고등학교나 대학교에 진학할 때 '뒷바라지의 한계'로 드러났다. 우리나라 입시는 정보전이라고 일컬어지는데 직장을 다니느라 시간과 체력이 절대적으로 부족하여 전업주부들의 정보력을 전혀 따라갈 수 없었다고 회상한다.

사람들 생각에는 교사가 학교에 있으니까 진학 정보를 더 잘 알 것 같지만 사실 안 그래요. 특히 고등학교 들어갈 때랑, 대학교 들어갈 때랑 요즘은 한두 달 전이 아니라 1학년 때부터 멀리 내다보고 준비들 하잖아. 근데 정신없이 학교에서 직장생활 하다가 그런 정보들을 막 놓쳐. 대학교마다 뭐 내는 마감날짜가 다~ 다른데 막 놓쳐. 하하하. 교사맘들이 자기 애 학교 어떻게 돌아가는지 잘 모르는 거. 애 학교 가서 봉사도 안하고 하니까 다른 엄마들하고의 소통도 잘 안 되는 거. 그리고 내가 무능해서 그런지 학교 일이 많고~ 또 학교 일을 대충 안하려고 하니까 더 이상의 시간도 없고. 근데 우리는 학교 갔다 와서 저녁에 피곤하잖아. 그래서 다른 엄마들을 못 쫓아가는 거야. 근데 이게 못 쫓아가는 정도가 아니라, 완전히 떨어지지. 그런 건 확~실히 부족했어. 심지어 내 친구는 자기가 고3 담임 했을 때 자기애 고3이었는데 애한테 완전히 마이너스였대. 자기 아들 갈 대학이랑, 자기 담임인 애들 갈 대학이 완전히 다른 수준이었던 거야. 반 애들이 너무 다양해서 각각 다 수시 준비 해주고, 추천서 너무 많이 쓰고, 피곤하고 힘들고 정신없이 지내다가 막상 자기 아들 수시 준비는 그렇게 못 해준 거야. 자기반 애들 수능 날 실수하지 말라고 챙겨주고 당부 했는데 막상 자기 아들은 아침에 시계도 안 챙겨갔대.

자녀양육에 있어서도 워킹맘으로서 한계를 느꼈지만, 직장에서도 한계를 느끼기는 마찬가지였다. 김 교사가 현재 승진을 포기하다시피 한 것은 1정 연수 점수 때문이다. 그런데 그 이유가 1정 연수와 육아를 혼자 병행해야 해서 시험점수를 높게 받지 못했던 것이고, 김 교사가 남자교사였거나 자녀가 없는 교사였다면 전혀 문제되지 않을 상황이었던 것이다.

내가 지금 승진을 못하는 건 엄마노릇... 엄마노릇 하다가 못했다. 이렇게 내가 핑계를 대거든요.(웃음) 왜냐면 그 당시에 엄마노릇과 1정 연수 공부를 다 하면 못하겠더라고. 남편 해외파견 따라갔다 왔다가 애들 어려서 계속 미루다보니까 11년차에 1정 연수를 받게 됐는데 지방에서 받으라는 거야. 그래서 애들 다 데리고 가서 한 달 짜리 집 얻어서 1정 연수를 받았어. 승진규정에서 그거 말고 딴 거 다~~할 수 있어. 지금 지역점수 의도하지 않게 다 채웠어. 그리고 연구는 뭐... 대학원 논문도 써봤고 하도 시범학교랑 연구학교도 많이 해봐서 하면 돼. 근데 결정적인 게 1정 점수가 안 돼. 연수받을 때, 다른 선생님들은 수업 끝나고 도서관가서 리포트도 쓰고 공부도 하는데 나는 애들 어린이집에 데려와서 그 한 달 묵던 집에 딸래미까지 같이 상 차린 거로 먹이고 애보고 뭐 이러면서 한 달을 보냈어요. 그래서 1정 점수가 90점이 나왔어요. 평균이지. 딱 평균인데, 나 다른 연수들에는 97점, 98점 이렇게 맞았거든. 승진을 하려면 97점 이상이 돼야 하는 것 같더라고. 97점 이하면 생각하지 마라. 딱 그러더라고.

김 교사는 자신이 다른 워킹맘보다 시간적, 체력적 한계가 더 심했던 것은 가사노동이나 양육에 있어 남편의 도움이 거의 전무했기 때문이라고 진단했다. 자신의 삶을 돌아보며 남편과 가정일과 자녀양육을 함께 하려는 '노력을 포기하지 않을 것'을 당부했다.

아빠가 100에 30만 해줘도 수월할 텐데. 다 별거 아닌 일들이야. 설거지에 청소에 빨래에 뭐 그런 거 있잖아? 나 혼자 하느라 너무 힘들었어. 남편이 잘 관심 갖고 참여하도록 하는 거~ 이거도 내가 못한 거죠! 남편이 원래 무심하기도 하지만 내가 처음부터 남편을 끌어 들여서 남편에게 좀 역할을 주고 그렇게 했으면 좀 나아졌을지 모르겠는데. 내가 기다리지 못하고. 그래서 나 혼자 애들 육아나, 교육이나, 하다못해~ 사내애들인데 성교육까지! 내가 했다고...! 남편한테 아무리 하라고 해도 안하니까! 나는 역할을 주는 걸 포기해버렸어. 혼자하기 힘들었지만 일을 주는 것도 힘들더라고~ 그러면. 더 안해져. 그니까! 끝까지 포기하지 말고 넘겨줘야해.

4.4.3 박 교사 이야기 : 모든 것을 내가 다 할 수 없어

박 교사는 워킹맘이 되면서 전업주부 때처럼 아이들을 전적으로 뒷바라지 해줄 수 없었다. 공부에 욕심이 있었던 둘째 아들이 이에 대해 불만을 토로했을 때 박 교사는 자신이 해줄 수 있는 것과 없는 것, 에너지를 쓸 가치가 있는 것과 없는 것에 대해 명확히 이야기해준다.

둘째가 영재고 입학 대비학원 다닐 때 '다른 엄마들은 다 도시락을 싸주고 픽업을 해주고 정보를 찾고 생활기록부를 챙겨주는데, 엄마는 왜 안하냐!'라고 했어. 그래서 나는 고등학교 학벌은 그렇게 네가 생각하는 것만큼 중요하지 않다. 메인 학벌은 사실 대학이고 네가 정말 공부를 좋아하는 아이면 4년제 대학을 나와서 결국엔 석사 박사를 제대로 할 것이다. 네가 공부를 정말 안 좋아하는 애라면 영재고에 서울대를 나와도 결국 학부에서 끝날 것이기 때문에, 엄마는 영재고 거기에 에너지를 쏟고 싶지 않다. 근데 네가 정말 공부를 좋아하면 하라고 했더니, 걔가 혼자서 김밥 먹고 자전거타면서 새벽에 수업을 들으러 다녔어. 결국 영재고는 떨어지긴 했지만 (미소 지으며).

이런 경험들을 통해 아이들도 워킹맘이 된 엄마를 받아들이고, 자신이 스스로 할 수 있는 부분에 대해서는 독립해갔다. 또한, 흥미롭게도 박 교사는 워킹맘의 주된 고민인 가사노동과 직장일의 이중고에서도 완전히 자유로웠다. 자신이 전업주부일 때부터 가사노동에 대한 자신의 의견이 확고하여 이를 남편에게 관철시켰고 아이들이 크고 나서는 아이들에게도 가사노동을 가르쳤기 때문이다.

나는 원래 '가족원이 꼭 가사노동을 할 필요는 없다.'가 내 가치관이라 전업주부일 때부터 아줌마를 썼어. 애들 어릴 때는 매일 유치원에서 픽업해서 집에 데려오고 설거지하고 청소해주는 출퇴근 아줌마를 썼고~ 내가 학교 다니고 부터는 나 집에 올 때까지 있는 아줌마를 썼지. 돈이 들긴 했는데 그거 쓸 돈은 있었고 나한테 돈은 그냥 목적이 아니라 수단이기 때문에. 애들도 뭐 자기 벌어서 자기가 쓸 만큼 쓰겠지 싶어서 축적하는데 관심도 없고. 근데 우리 신랑이 가사노동에 쓰는 그 돈이 너~~~무 아깝다고 자기가 그냥 한다고 그래서, 내가 '아줌마를 끊으면 내가 다 못 하는데? 그럼 당신이 절반 이상 할 수 있냐?' 했더니 자기가 절 반이상 한다고 했어. 그리고 이제 애들이 고등학생이잖아. 애가 좀 크면서는 '너희가 성인이 되어서 생존하려면 가사노동을 어떻 게 하는지는 몸에 익혀야한다.'고 가르치면서 애들도 가사노동을 하고... 그니까 뭐 내가 집에서 일하고 있으면 아들 둘이 '엄마 피곤해 보인다. 내가 설거지할게.' 라든가, 애들이나 남편이 빨래 도 걷고 자기 옷 다림질 안 되어있으면 자기가 다림질 해 입고 나가고 해서, 가사노동으로 나한테 스트레스 주는 남자가 우리 집에는 없어.

박 교사는 직장과 가정에서 슈퍼우먼이 되려고 하지 않는다. 오 히려 한계를 인정하고 할 수 있는 일과 없는 일의 경계를 분명히 하는 길을 택한다.

5. 결론 및 논의점

본 연구는 아이가 있는 세 중등여교사의 경험 이야기를 바탕으로, 어떻게 교사가 되었는지, 엄마와 교사 역할을 병행하기 시작할 때 어떤 경험을 했는지, 이 두 가지 삶이 서로 어떻게 영향을 주고받으며 발전했는지 그 과정을 집중적으로 탐구하였으며, 마지막으로 교사로서의 특수성을 차치하고 워킹맘으로서 겪었던 한계에 대해 탐구하였다. 본 연구는 교사와 엄마라는 이중역할이 어떻게 서로에게 영향을 주고받는지 그 과정에 대해 밝혔다. 단답형 설문지나 양적 연구로는 밝혀낼 수 없는 주제들에 대해 총체적이고 심층적으로 교사맘의 삶을 살펴보았다는데 그 의의가 있다. 연구 결과, 연구 참여교사들의 내러티브 분석을 통해 다음과 같이 다섯 가지 면에서 교사맘에 대한 이해를 넓힐 수 있었다.

첫째, 교사맘들이 이중역할을 하고 있다는 공통점을 갖고 있지만, 이 이중역할을 각기 다른 색과 결로 삶 속에 풀어내고 있었다. 이는 Connelly와 Clandinin(1999)이 이야기한 교사의 개인적 실제적 지식(personal practical knowledge:PPK) 개념을 고스란히 보여준다. 교사가 가지고 있는 지식은 어떤 객관적이고 독립적인 지식이 아니라 경험의 총합으로 신념, 가치관, 이미지와 원칙 등이며, 이런 지식이 전문적 지식 환경(professional knowledge landscape:PKL), 즉 학교에서 하게 되는 모든 행위에 영향을 미치게 된다는 것이다. 세 교사는 교사가 되고자 했던 동기가 각기 달랐으며, 이에 따라 자신이 정립한 좋은 교사관이 달랐고, 엄마가 된 시대상황과 배경이 달랐으며, 따라서 교사란 누구인지, 엄마는 어떤 존재인지 등에 대한 이미지와 원칙이 각기 달라, 너무나도 다른 삶을 살아낸다. 특히, 30대 교사인 이 교사와 50대 교사인 김 교사가 교직에 들어오게 된 배경 동기, 모성에 대한 인식이 뚜렷이 차이를 보인다. 따라서 기존 선행 연구에 대해서는, 아이가 있는 여교사를 하나의 동질 집단으로 전제했던 연구들에 의문을 제기할 수 있다. 나아가 앞으로 교직 사회를 더욱 더 깊이 이해하기 위해 세대별 연구가 필요하며, 교사를 대상으로 하는 연구와 관련 정책 수립은 '각자의 개인적 실제적 지식을 가지고 다양한 삶과 교육을 펼쳐가는' 교사 개개인의 삶의 다양성에 대한 충분한 이해를 바탕으로 이루어져야 함을 시사한다. 단위 학교 내에서는 교사맘들끼리 서로 다름을 인정하고 더욱 알아가려는 노력이 반드시 필요하며, 학교 관리자들은 기존에 자신이 가지고 있던 교사맘에 대한 시각이 제한적이었을 수 있음을 인정하고, 시대 상황이나 개인적인 상황에 따라 지금도 역동적으로 변화하고 있는 교사맘의 삶에 대해 더욱 관심을 가져야 할 것이다.

둘째, 교사의 삶에 대한 선행 연구는 주로 교사가 학생에게 지대한 영향을 주는 존재이기 때문에 교사에 대한 연구가 필요하다고 전제하는 경우가 많았는데, 연구 결과, 교사만 학생에게 영향을 주는 것이 아니라 오히려 학생들이 교사의 삶에 중대한 영향을 줄 수 있는 존재임이 드러났다. 또한 이중역할이 갈등과 스트레스를 일으키는 근원이라는 편협적인 시각에서 탈피하여 그것이 긍정적인 면과 부정적인 면 모두를 갖고 있음이 밝혀졌다.

교사와 엄마, 두 가지 삶을 살아내는 것은 다음과 같은 이점이 있었다. 이 교사는 자녀양육을 통해 자신이 교사로서 가지고 있는 결정적인 취약점을 알게 되고, 교실에서 이를 개선하려는 첫 시도를 실행에 옮긴다. 김 교사는 출산과 자녀양육을 통해 체벌에 반대하는 가치관을 확고히 갖게 되고, 청소년기 아이들과 그들의 부모를 더욱 깊이 이해할 수 있게 된다. 또한, 엄마 역할에서의 시행착오를 통해 학생부장으로서 교육적인 지도를 하려면 어떻게 해야 하는지 고민하게 된다. 이 교사와 김 교사가 자녀양육 경험이 어떻게 교사로서의 삶을 바꾸어놓았는지에 대해 주로 이야기했다면, 박 교사는 그 반대의 방향의 변화를 겪는다. 교사가 된 후 자신의 제한된 생각과 경험으로 자녀들을 판단하던 마음의 감옥에서 벗어나 아들들을 독특함을 가진 한 인간이자 그들만의 삶을 잘 살아갈 주체로 인정하게 되는 것이다.

한편, 이중역할이 부정적으로도 작용하는 과정 또한 보여주는데 이는 선행연구의 결과와 맥을 같이한다. 이 교사는 교사로서 일하며, 단체에 방해되는 개인 요소를 없애는데 주의를 기울였던 습관과 학생들을 성적으로 분류, 평가, 선발했던 경험을 가정에서도 하게 된다고 고백했다. 김 교사 또한 학교에서 남에게 피해주고 교사들에게 인정받지 못하는 학생들을 보며, 자기 자녀만큼은 그렇게 키우고 싶지 않아 학교에서보다 가정에서 더 엄격한 생활지도를 한 자신의 과거를 돌아본다. 그리고 그런 양육태도가 부모자녀간의 친밀한 관계에 악영향을 끼쳤을 수 있음을 인정한다.

셋째, 교직에서 진정한 양성평등이 이루어지기 위해서는 학교와 사회의 구조적인 제도가 개선되어야 함을 시사한다. 교직은 다른 직업에 비해 모성에 대한 복지제도가 잘 보장된 직업으로 여겨진다. 그러나 연구결과를 보면 여전히 제도적인 보장 이외의 부분에는 여교사의 개인적인 희생이 있어야 자녀들이 양육될 수 있음을 알 수 있다. 이 교사의 경우 제도적으로 보장된 육아 휴직을 활용하고 있었으나 경력인정, 호봉인정, 일부의 급여가 나오는 기간을 지난 후에는 경력단절과 급여를 받지 못하는 불이익을 감수하고 아이를 양육하고 있었다. 한편, 김 교사도 출산과 자녀양육으로 1정 연수에 매진하지 못하여 승진을 포기한 상황이다. 교직사회에 성차별적 요소를 진단하는 선행연구들이 최근 활발히 일어나고 있는데, 그중 153명의 여교사를 대상으로 '여교사의 교육행정직 진출 장애 및 촉진 요인'을 밝힌 최유경(2007)의 연구를 주목할 만하다. 교육공무원승진규정이 일방적으로 여교사에게 불리하다고 단정할 수는 없으나 여교사의 경우 점수를 따기 힘든 부분도 있어 성차별적 요소가 상당수 내재되어 있다는 것이다. 이 연구에서 과반수의 여교사들이 교육행정직 진출을 꺼리는 주된 이유는 이중역할에 대한 심리적, 신체적 부담이라고 답했으며, 실제 승진 점수의 세부사항을 이루는 항목들이 여교사에게 매우 불리함을 지적하고 있다. 예를 들어, 여교사는 이중역할로 인해 1정 연수 등 연수성적평정을 위한 준비와 노력할 시간이 부족하며, 육아휴직의 모든 기간이 경력으로 인정되지 않는 점, 그리고 자녀의 주 양육자로서 도서벽지, 농어촌 근무가 어려운데 이를 가산점 항목으로 규정하고 있다는 것이다. 2012년에 초·중·고등학교에서는 여교사가 이미 65%를 넘어서며 학교의 핵심 구성원으로 자리 잡았다. 이런 현실을 직시할 때, 교육 구성원 모두가 성차별적 요소에 대한 민감성을 높이고 이중역할로 인한 모든 휴직경력 인정, 근무시간 단축형 육아휴직제 도입 등 양성평등기본법을 실현하기 위한 조속한 제도 개선이 이루어져야 함을 시사한다.

넷째, 출산과 육아의 가치에 대한 사회적 지지와 개인의 인식변화가 시급하다. 30대 여교사인 이 교사는 사회적으로 저평가된 육아에 대한 가치를 스스로 내면화하고 있었음을 고백했다. 양육에 집중하는 시간을 '가치 없다'고 생각하여 그 반동으로 밖으로 나가 자신의 가치를 증명하고 싶어 하는 것이다. 아이와 정서적 유대감을 돈독히 쌓는 것이 엄마가 할 수 있는 최고의 투자이며, 동시에 최고의 국가적·사회적 투자이기도 하다는 점에는 모두 동의할 것이다. 그러나 이러한 당위성과는 별개로 교사맘이 개인적 차원에서 아이를 낳고 기르는 입장이 되어 체감하는 사회의 지지도는 천지차이이다. 학교행정가들이 임신 중인 여교사를 기피하거나 홀대하는 경향이 있으며(오영재, 2006), 남교사들이 여교사들의 교육행정직 진출이 드문 이유를 이중역할에 대한 부담 때문이라는 것을 인식하지 못하고 주로 개인의 노력과 의지 부족으로 인식하고 있다(최유경, 2007). 한편, 부부가 둘 다 직장을 다녀도 주로 자녀의 주 양육자는 여성이 되는데, 이 때 가사 역할의 재조정도 맞벌이 가정의 중요한 이슈가 된다. 미국의 사회학자 Hochschild(1997)는 맞벌이 가정에서 보이는 갈등을 '빠르게 변하는 여성과 느리게 변하는 남성 간의 지연된 혁명'으로 명명한다. 여성이 노동시장에 진입했다고 하여 가정에서의 역할까지 혁명적으로 재조정되지 않는다는 것이다. 가사와 양육을 혼자 떠맡았던 김 교사와 다른 가족구성원들이 가사노동을 분담해주었던 박 교사의 경험을 통해 우리는 지연된 혁명과 성공한 혁명의 모습이 어떻게 다른지 살펴볼 수 있다.

다섯째, 본 연구는 교사들에게 학교라는 공간과 자신의 교직관에 대해 성찰할 수 있는 기회를 제공한다. 이 교사는 평가와 선발이 모든 교육적 요소를 압도해버리는 한국의 초·중·고·대학교에서 경쟁에서 늘 이긴 자로 살아왔다. 그러나 자녀를 양육하며 학교가 정말 '평등하고 공정한 공간인지'에 대해 의문을 갖게 된다. 여전히 학교에 팽배한 학벌주의, 능력주의를 발견하며 그 부조리 아래 신음하고 소외되는 학생들을 보게 된 것이다. 여러 연구를 통해 밝혀졌듯이 개인의 노력이 더 이상 개인의 성취를 보장해주지 못하며 사회경제적 격차가 교육격차를 오히려 만들어내고 있는 것이 현실이다.6) 이런 상황에서 교사들에게 내면화된 학벌의식과 능력주의는 우리 교육의 병폐를 더욱더 심화시킬 것이며 시급히 깨뜨려야할 환상이라는 것을 보여준다. 김 교사 또한 학생들에게 획일성과 복종을 요구했던 학교의 오랜 관습을 자각하고 이 견고한 벽과 같은 구습에 균열을 일으킨다. 기질도 소질도 각기 너무나 다른 다양한 아이들을 만나며 자신의 편협한 시각을 수정하게 된 박 교사의 이야기도 우리에게 큰 울림을 준다. 이 연구를 통해 연구에 참여한 세 교사 뿐 아니라 연구자와 독자 모두 자신의 교사로서의 삶을 가만히 돌아볼 수 있다.

---

6) 박준용, "기회불평등 보고서 - 고등학생마저 이렇게 말한다 '우리사회, 노력보다 집안이 중요하다'", 2016.09.20., 시사저널http://www.sisapress.com/journal/article/157793

6. 나가며

교육부는 최근 '교사 치유'라는 주제에 엄청난 예산을 쓰기 시작했다. 힐링을 주제로 하는 연수와 캠프를 열고 교사를 위한 WEE class를 연 지자체도 있다. 교사의 삶이 녹록치 않아 어떻게든 치유가 필요하다는 것은 모두가 동의하고 있지만 일회성으로 연수나 강의에 참여는 것이 얼마나 실효성 있는지는 의문을 품게 된다. 삶은 일회성이 아니라 계속될 것이기 때문이다. 그래서 한 인간이 자신이 살아내고 있는 삶을 스스로 성찰하는 것보다 더 바람직한 투자는 없다. 자신의 삶에 대해 성찰하고 진솔하게 서로 나누는 것만큼 교사 스스로와 가정과 학교를 치유시켜줄 수 있는 것은 없기 때문이다. 이 치유의 혜택은 개인에서 학교, 나아가 내 학생과 자녀에게로 퍼져간다. 본 연구를 통해 우리가 서로의 삶을 돌아보고 그 삶을 나누는 그 '맛'을 조금이라도 보기를 바랐다.

그러나 한편 내러티브 연구는 다양한 해석이 이루어질 수 있는 가능성과 연구자의 해석의 주관성을 인정하는 연구 방법이기 때문에 한계를 가지고 있다. 전통적인 연구에서 활용되는 타당성과 신

뢰성을 준거로 연구의 질을 판단하는 것은 적절하지 않으며(Van, 1988), 아직 이 연구의 패러다임 내에서 연구의 질을 판단할 수 있는 명확한 준거가 마련되지 않았다. 이에 Lieblich(1988)는 바로 독자가 내러티브 연구의 질을 판단해줄 수 있다고 제안한다. 연구자가 어떻게 내러티브를 해석하는지 독자가 그 '과정의 정당성'을 보고 판단할 수 있다는 것이다. Clandinin(2013)은 정당성을 확보하기 위한 기준으로 세 가지 준거를 제시했다. 연구 결과가 개인적 정당성(연구자와 참여자에게 왜 중요한가), 실제적 정당성(실제 학교와 가정에 어떤 변화를 가져올 수 있는가), 사회적 정당성(이론적 이해를 확장하거나 사회적으로 어떤 기여를 할 수 있는가)에 대답할 수 있어야 한다는 것이다. 이 연구의 정당성에 대한 연구자의 대답은 다음과 같다.

세 사람의 이야기를 듣고 전사하며 그들의 삶이 아름다워 눈물이 났다. 어느 하나 완벽한 삶은 없었지만 모두 넘어지면 일어섰고 깨달으면 돌아섰다. 교사의 삶, 엄마의 삶이 결코 쉽지 않아 보였지만, 치열하고 다부져서 그만큼 반짝 반짝이는 보석처럼 느껴졌다. 가장 큰 소득은 세 사람의 이야기 속에 들어가서 나의 모습을 보게 된 것이다. 내가 잘나서 대학 시험과 임용고사에 통과했고 교사가 되었다고 생각했던 것, 공부 못하는 학생을 '나중에 어찌 살까' 하며 은근히 무시했던 것, 배운 것은 있어서 말로는 자율성과 학생 주도를 외치지만 실제로는 완벽히 내 통제 아래 학생을 두고 싶어 '잔말 말고 순종할 것'을 내심 요구했던 것 등, 꼭꼭 숨겨두고 싶었던 어두운 마음들이 다른 사람의 목소리를 통해 모두 수면 위로 드러났다. 이런 내 모습이 실망스러웠지만 속 시원히 드러나니 한편 개운하고 기뻤다. 사람은 누구나 불완전하다는 것을 알고 있기 때문이다. 내가 불완전하다는 것을 인식하고 있는 사람은 확신에 차서 자녀와 학생에게 최악의 것을 주지 않음을 믿기 때문이다. 나의 불완전함을 인식하는 것은 가장 훌륭한 출발점이고 변화는 그 때 시작된다고 믿기 때문이다.

또한, 이 연구는 학교생태계와 가정생태계에서 살아가는 모든 독자에게 의미 있는 연구가 될 수 있다. 앞으로 엄마가 될 기혼여교사들에게는 자신이 곧 마주칠 삶을 생각해볼 수 있는 촉매제가 될 것이고, 남교사나 비혼[7] 여교사에게는 직장에서 가장 많이 마주치게 될 다수 동료 집단을 이해하는 통로가 될 것이다. 또한, 학교 관리자에게는 학교의 가장 큰 구성원인 '아이가 있는 여교사 그룹'을 더욱 깊이 이해할 수 있는 단서를 제공할 것이다. 한편, 교사인 부모를 두었던 사람들에게 자신의 부모님을 더욱 깊이 이해할 수 있는 시발점이 되기를, 그리고 교사가 아닌 다른 직업을 가진 워킹맘들에게도 각자에게 주는 울림이 있기를 기대한다.

학교는 점점 바빠지고 교직 사회의 개인주의는 심화되고 있다. 자신의 삶을 솔직히 이야기하며 서로의 삶을 나누는 모임들이 날이 갈수록 많아지기를 기대한다. 이것이야말로, 개인적으로는 풍성한 삶을, 그리고 우리의 자녀들과 우리의 학생들과 중·장기적으로 건강하고 안정된 관계를 맺게 해주는 지름길일 것이다.

---

7) 비혼: 미혼이라는 어휘가 '혼인은 원래 해야 하는 것이나 아직 하지 않은 것'의 의미를 일컫는 경향이 크다고 하여 '혼인 상태가 아님'이라는 보다 주체적인 의미로 여성학계에서 사용하고 있는 어휘. 네이버 어학사전

7. 미리 받은 독자 후기

참 아름다운 연구입니다. 논문 초고를 읽는 동안 나의 삶을 내 밖에 꺼내놓고 객관적 입장에서 보는 시간을 즐길 수 있었고, 논문 속 다른 연구 대상자들의 이야기를 읽는 것도 감동이었습니다. 이 연구는 연구자의 어떤 결론에 의존하지 않고 독자 각자가 많은 공감과 깨달음을 경험하게 합니다. '아이들은 하나하나 다양한 색을 가졌다.'는 전제가 나에게 중요한 교직관의 요소였는데 이 논문을 통해 '교사도 참 각각 다르구나.'라는 생각이 중요한 자리를 차지하게 되었습니다. 이제 교직생활 후반에 접어들며 선배교사의 역할을 함에 있어 후배교사들을 이해하고 바라보는 소중한 지침이 되어줄 것입니다.

– 이야기 속 김 교사

넘 재미있는 거 같아~ㅎㅎ 그냥 세 사람의 삶이 너무 달라서 신기하다ㅋ 내 얘기 부분에서는 자녀 양육이전에도 입시교육이나 등

급위주 교육에 대한 문제의식이 있었는데 그 의식이 마음으로 삶으로 다가온 과정이라는 게 좀 간과되지 않았나...라는 생각이 살짝쿵 들었어 ㅎㅎㅎ 어쨌든 사는 모습이 각자 주옥같아서 신기하다^^

- 이야기 속 이 교사

나 이거 읽고 울었어... ㅎㅎ 너무 재미있고 감동적이었어. 각기 다른 연령대와 배경을 가진 교사들을 골라서 그들의 삶 얘기를 들어보니 내가 교사맘으로서 고군분투하는 부분, 간과하고 있는 부분들을 제 3자의 시선으로 객관적으로 바라볼 수 있게 된 것 같아. 그래서 더 현명하고 여유롭고 느긋하게 내 아이를 기르고 학교 애들을 대할 수 있게 된 것 같아. 이거 여교사 카페에 게재하고 싶어 ㅋㅋㅋ~ 난 수학교사 반, 그 학생부장 반 섞은 거 같아~

- 6세 아들을 둔 11년차 영어교사

난 아기는 없지만 교사로서 공감되는 부분이 많았어. 이 교사가 '쟤 특수아 아냐?'라고 했던 말... 자기가 과거에 한 말이라... 마음이 정말 아팠을 것도 공감되고.. 박 교사가 교사라 다양한 애들 보다보니까 자기애만 이상한 게 아니라고 생각한 이야기도 공감되고. 나도 엄마가 되면 이분들처럼 비슷한 걸 겪을 수도 있겠구나...라는 생각도 들구. 특히 울 엄마가 초등쌤이었어서 난 진짜 공감!!!! 언니랑 둘이 계속 우린 저러지 말자 그랬거든. ㅋㅋ 근데 내 애들한테

도 무의식적으로 그리될 듯? 내가 지금 남편한테 그러듯이 ^^

- 9년차 중국어교사

읽고 나니까... 엄마가 된 나의 상황도 돌아보게 되네. 나도 석사 논문 내러티브 질적 연구로 썼는데 그때 생각도 나고 그러네. 나는 애를 낳고 나니까 정말로 아이들이 더 소중하게 느껴지고 예전에 애들한테 못되게 군 것 같아서 반성이 되는 순간이 종종 있어. 그리고 이 시대의 학교의 역할에 대해 고민을 좀 더 많이 하게 되는 것 같아. 담임이었을 때도 학부모 입장을 좀 더 이해해주지 못했구나하는 생각도 많이 들었어. 자기 자식 맡기면 담임이 얼마나 중요하게 느껴질까 그런 생각도 들고 그렇더라구.^^

앞으로는 학부모들 학기 초에 올 때도 좀 더 반갑게 맞이하고 나를 좀 더 열어놓을 수 있지 않을까? 하는 건.. 막상 복직하면 생각이 달라지려나 ㅋㅋㅋㅋㅋ;;; 아이가 자라면서 내가 어떤 엄마가 될지는 나도 궁금하네... 근데 정말 자기 성찰이 중요한 것 같아.. 이 교사라는 분이 반 아이들에게 학년말에 그렇게 말했다는 부분에서 나도 눈물 핑~~~ 용기 있고 멋지다고 생각했어. 가끔 학교로 돌아가면 이래~ 이래~ 더 잘해야지 혼자 생각할 때가 있어^^

- 6개월 아들과 육아휴직 중인 9년차 영어교사

일단 제가 일반적인 미혼교사는 아닐 거 같긴 해요.ㅋㅋ 제가 워

낙 육아에 대한 각오도 미리 하고 소망을 많이 두는 편이어서?~ 그래도 에코세대의 일반적인 육아에 대한 관점에 공감이 많이 됐어요. 저도 애가 생기면 제 시간과 자유와 자아실현, 커리어를 빼앗기고 희생당하는 게 뭔가 억울하기도 하고 두렵기도 하거든요.

50대 김 교사 분의 관점이나 육아가 힘든 게 아니라 행복하셨다는 경험이 너무 부럽고 신기했어요. 도전과 위로가 됐어요! 저는 기독교적으로 엄마로서의 소명의식을 갖고 있음에도 부담이 되고 두려운데 말이죠.

그리고 박 교사 분께는~ 제가 교사 하면서, 특히 지금 부적응 요소가 많은 거칠고 힘든 아이들 데리고 있으면서 스스로 '내 아이를 위한 훈련이고 경험이다' 이렇게 되뇌고 있거든요? '이런 온갖 사고 치는 아이들 경험해보며 내 아이에 대한 마음의 준비를 하자...'라고 생각하고 있는데 하는데~ 박 교사분이 그 얘기를 해주셨어요.

글에 인간극장처럼 읽으며 울컥하고 눈물이 고이는 감동이 있었어요. 전사한 부분들은 어딘가 인용해서 쓰고 싶을 정도로 좋아요~~^^ 비언어적 표현까지 섬세하게 다 적어주셔서 참 좋았어요. 그분들이 누군지 모르지만 왠지 감정이 그대로 전해지고 현장감이 느껴진 달까? ㅋㅋ

저 같은 미혼 여교사나 교사맘을 준비하는 교사들, 이미 교사맘으로 살고 있고 살아온 교사들에게 큰 위로와 격려, 도전이 될 거 같아요.

– 교직 4년차 미혼 국어 교사

육아휴직이 끝나가고 3월 복직을 앞두고 요새 안 그래도 마음이 뒤숭숭한데 글이 심적으로 많은 도움이 됐어. 글을 읽으면서 아이가 있는 여자 교사들이 다 겪는 과정이고, 다들 나름대로 열심히 해냈으니 나도 잘할 수 있다는 응원이 된 것 같아. 선배 교사맘들의 삶을 간접경험해보고 그들이 느낀 점들을 쉽게 얻은 만큼, fully 받아들이고 새겨들어서 내 삶에 잘 적용시켜야겠다고 다짐 했어 ^^! 이 교사의 초창기 엄마로서의 모습이 나의 모습과 가장 가까운 것 같고, 요즘 젊은 엄마들이나 워킹맘의 모습에 가장 가까운 것 같아. 그래서 공감이 많이 됐어. 그리고 김 교사의 초창기 교사맘으로서의 모습은 너무 아름다웠고, 그런 마음가짐으로 즐겁고 행복하게 육아와 일을 병행하는 모습이 부러웠어. 김 교사 본인은 엄마로서 후회되는 부분이 많다고 하지만 직장에서 나의 선배교사로 김 교사를 만난다면 너무 좋고 존경할 것 같다는 생각을 했어. 혁신교육이라는 게 거창하게 뭐가 다른 게 혁신이 아니고 김 교사와 같은 학생들을 인정해주는 마음가짐으로 학생을 바라보며 교육하는 것이 혁신의 시작이라고 느꼈어. 박 교사는..내 성격상 박 교사처럼 될 수 없을 것 같지만, 가장 부럽고 현명한 교사 생활을 하고 있다고 느꼈어. 지치지 않고, 오래, 현명한 엄마이자 행복한 교사로서 지내려면 박 교사처럼 어느 정도의 경계선을 갖고 두 영역에서 내가 할 수 있는 최선을 다하는 게 맞다고 생각해.

글 읽고 엄마로서 가장 크게 다짐한 부분은 이거야. (너무 너무 힘들겠지만) '교사'의 잣대로 내 아이를 바라보지 말고 '엄마'의 잣대로 내 아이를 온전히 바라보고 '엄마로서' 아이를 포용해줘야겠다. 아이에 대한 믿음을 꼭 갖고 박 교사의 '너는 잘살게 뻔해서', 김 교사의 '네가 어때도'의 마인드를 항상 마음에 새기고 지내야겠어.

교사로서 다짐한 부분은 복직하게 되면 내 아이를 낳고 키워보면서 세상을 바라보는 시야가 넓어진 만큼, 젊은 교사 시절 학생들을 단순히 예뻐했던 걸 넘어서서 모든 아이들이 소중하고 귀하다는 걸 명심하고 더 큰 차원의 사랑을 줘야겠다.. 라고 생각했어!

- 20개월 아들과 육아휴직 중인 8년차 영어교사

★ 연구 멘토님의 추천사(?) 같은 독자후기 ★

우리나라는 모든 국민이 교육전문가라는 말이 있듯이 우리나라 교육과 학교에 대한 분석과 해법은 다양하다. 그 중 많은 경우는 교육을 거시적, 종합적으로 바라보고 대안도 거시적이다. 교육이 다른 사회영역과 연관되어 있기 때문에 이러한 시각이 필요하지만 한편으로는 거시적이고 종합적인 대안은 현장 교사가 체감할 때 피상적이고 공허하다 느낄 때가 많고 실제로 현장에서 공감을 얻지 못하는 경우가 많다.

곧 교육현장의 문제를 푸는 방식은 실제로 현장에서 몸을 부대끼며 살아 숨 쉬고 있는 교사와 학생의 삶을 잘 담아내는 것에서 시작할 필요가 있다. 그런 측면에서 엄기호가 쓴 '교사도 학교가 두렵다'라는 책이 교무실 풍경에 대한 생생한 묘사와 교사들의 심층 인터뷰를 통해 단절되어 있는 교사들의 삶과 구조를 잘 담아내어 교사들에게 많은 공감을 얻었다.

유경은 선생님의 '엄마이자 교사로서 살아 낸 교사맘 이야기'도 교사와 엄마 두 역할 사이에서 갈등하는 교사들이 많아지고 있는 상황에서 교사맘에 대한 심층적인 인터뷰를 통해 그들의 삶과 아픔, 고민을 생생하게 드러내고 있다. 그리고 단지 세 교사의 이야기만을 풀어내는 것이 아니라 각각의 이야기를 입체적으로 비교, 분석하여 그 아픔과 어려움 속에 있는 구조의 문제까지도 분석하여 교사맘에게는 공감을 일으켰을 것이고, 저와 같은 남자 교사에게는 지금까지 피상적으로만 알았던 교사맘의 삶에 대해 새롭게 알게 하여서 읽는 순간 단숨에 몰입하게 되었다. 그리고 공감을 넘어 읽은 후 교사의 삶에 대해 성찰하게 하고, 문제를 풀어가는 과정에 자연스럽게 동참하게 한다.

유경은 선생님의 연구처럼 앞으로도 교육에 대한 접근은 '내러티브 탐구'와 같은 방법론을 활용하여 구체적인 이야기를 통해 풀어갈 필요가 있다. '교사'라는 집단에는 한 가지 기준으로 평가할 수 없는 소명, 교육철학, 기혼과 미혼, 지역, 학교 급, 개인 성향, 정교사와 기간제 등에 따른 차이가 존재하고 있고 이로 인해 교사마다 처한 상황과 고민의 지점도 다르다. 결국 이것들을 잘 드러내고 분석하여 상황에 맞는 해법이 필요한 것이다. 이러한 관점은 아이들을 바라볼 때도 마찬가지이다. 성장배경과 성향이 다른 학생들을 동일한 교육과정과 평가의 잣대로 교육하기에 그들이 교육으로 인해 고통 받고 있는지 모른다.

앞으로도 이러한 연구들을 통해 더 많은 교사와 학생의 이야기가 펼쳐져야 하고, 이러한 이야기를 통해 우리 교육의 현실을 분석하고 대안을 찾아야 한다. 이러한 과정을 통해 나온 교육개혁이 지금보다 더 실제적이고 행복한 학교를 만들 수 있을 것이라 생각하며 유경은 선생님의 연구에 감사의 마음을 전한다.

참 고 문 헌

고영일 외(1993). 도시지역과 농촌지역 교사의 교직문화의 비교 연구. 교육사회학연구, 5(1), 1-38.

김경순(2000). 여교사의 기·미혼 여부가 직무수행에 미치는 영향에 관한 연구. 석사학위논문. 세명대학교.

김인혜(2002). 교사집단 내 성차별 현상과 인식에 관한 연구 : 서울특별시 내 일반계 고등학교를 중심으로. 석사학위논문. 이화여자대학교.

김혜정(2007). 자녀가 있는 여교사의 역할수행에 대한 중등 교원의 인식. 석사학위논문. 한국교원대학교.

박미옥(2003). 중등학교 여교사들의 삶과 문화에 대한 연구. 석사학위논문. 연세대학교.

박아청(1994). 초, 중등학교에서의 여교사 증가현상에 따른 교육심리학적 영향에 관한 조사연구. 교육학논총, 13, 23-48.

박안식(1995). 교사문화에 대한 초등교사와 중등교사의 지각 차이. 석사학위논문. 전남대학교.

서승미(2004). 여교사의 교육행정직·전문직 진출 활성화 방안. 석사학위논문. 군산대학교.

심순아·정복분(2004). 중등 기혼여교사의 결혼만족도와 직무수행과의 관계. 한국가정과교육학회지, 16(4), 141-156.

염지숙(2003). 교육 연구에서 내러티브 탐구의 개념, 절차, 그리고 딜레마. 교육인류학, 6(1). 119-140.

오영재(2001). 교단일기를 통해 본 중등교사들의 삶과 문화. 교육학연구, 39(4). 207-230.

오영재(2006). *한국 학교조직 질적 연구.* 서울: 학지사.

이경희(2004). 중등 기혼 여교사의 다중역할 갈등. 상담심리연구, 6(1). 29-74.

장규일(1998). 초등학교 교사문화에 관한 사례 연구. 석사학위논문. 강원대학교.

장문희(2003). 여교사의 직무수행에 대한 남녀 교사의 인식 차이. 석사학위논문. 여수대학교.

전승희(2014). 가사와 양육분담이 여교사의 직무스트레스와 교사효능감에 미치는 영향. 석사학위논문. 강원대학교.

정현실(2001). 기혼여교사의 역할갈등과 직무만족도와의 관계. 석사학위논문. 숭실대학교.

최유경(2007). 여교사들의 교육행정직 진출 장애요인 및 촉진방안에 대한 교사들의 인식 연구. 이화여자대학교 교육대학원 석사학위 논문.

한성신(2004). 여교사의 학교행정직 진출 영향요인에 관한 문화기술적 연구. 석사학위논문. 고려대학교.

홍재호(1994). 교사문화와 효과적인 학교의 상관관계 분석. 박사학위논문. 한국교원대.

황기우(1992). 한국 초등학교의 교사 문화에 관한 해석적 분석. 박사학위논문. 고려대학교.

홍영숙(2013). 한국초등학교에서 비원어민 영어교사로 살아가기: 교사정체성 형성을 중심으로. 영어어문교육, 19(4), 427-253.

홍영숙(2015). 한국계-미국인(Korean-American) 대학교 원어민강사가 살아내는 교사경험이야기 탐구. 언어학 연구, 20(3), 141-167.

홍영숙(2016). 내러티브 탐구(Narrative Inquiry). 2016년도 한국질적탐구학회 춘계 학술대회.

Clandinin, D. J., & Connelly, F. M. (1994). Personal experience methods. In N. K. Denzin & Y. Lincoln (Eds.), *Handbook of qualitative research*. Thousand Oaks, CA: Sage.

Clandinin, D. J., & Connelly, F. M. (1995). *Teachers' professional knowledge landscapes.* New York: Teachers college Press.

Connelly, F. M., & Clandinin, D. J. (1999). *Shaping a professional Identity: Stories of educational practice.* New York: Teacher College Press.

Clandinin, D. J., & Connelly, F. M. (2000). *Narrative inquiry: Experience and story in qualitative research.* San Francisco, CA: Jossey-Bass.

Connelly, F. M., & Clandinin, D. J. (2006). Narrative inquiry. In J. L. Green, G. Camilli, & P. Elmore (Eds.), *Handbook of complementary methods in education research* (pp. 375-385). Mahwah, NJ: Lawrence Erlbaum.

Clandinin, D. J. (2013). *Emerging in narrative inquiry.* Walnut Creek, CA: Left Coast Press, Inc.

Dewey, J. (1938). *Experience and education.* New York: Collier Books.

Hochschild. A. R. (1997). *The Time Blind: When Work Becomes Home and Home Becomes Work,* New York: Metropolitan Press.

Lieblich, A. (1998). *Narrative Research: Reading, Analysis, and interpretation.* Thousand Oaks, CA: Sage.

Mitton, J. (2008). *A narrative inquiry into the negotiations of children's and families' lives in classroom curriculum making.* Unpublished Ph.D. dissertation, University of Alberta, Edmonton.

Van Mannen, J. (1988). *Tales of the field: On writing ethnography.* Chicago: University of Chicago Press.

독자 분들과 소통하고 싶어요!
독자후기를 받습니다.
여기로 보내주세요. hisilver22@nate.com
한 글자 리뷰도 환영! 비판도 환영합니다!^^!